মোৰ দৃষ্টিত
শংকৰদেৱৰ গণতান্ত্ৰিক সমাজবাদী আদৰ্শ আৰু কলাচৰ্চাৰ বৈশিষ্ট্য

অৰ্ণৱ জান ডেকা

শ্ৰীমন্ত শংকৰদেৱ আন্তৰ্জাতিক প্ৰতিষ্ঠান
অসমৰত্ন অধ্যক্ষ ভৱানন্দ ডেকা ফাউণ্ডেছন
অসম ফাউণ্ডেছন-ইণ্ডিয়া
নলিনী প্ৰভা ডেকা হেৰিটেজ ফাউণ্ডেছন

A compilation of Research Papers and essays published in leading Assamese literary journals and newspapes authored by by Er. Arnab Jan Deka, BE(Civil), PGDCA, PGDJMC, LLB, award winning Assamese short story writer, novelist, columnist, documentary film director, screenwriter, television actor, jurist, eco-technocrat and river engineer of international repute.

First Edition : 4 December 2016
Second Edition : 22 February 2017

If you have any question or comment concerning this book, please contact either the Editor or the Publisher.

ISBN-13: 978-1540727572
ISBN-10: 1540727572

Published by :
Srimanta Sankardev Antarjatik Pratisthan (International Foundation),
Asom Ratna Principal Bhabananda Deka Foundation,
Nalini Prava Deka Heritage Foundation,
Assam Foundation-India,
28, Pub Sarania Hill Side Road, Guwahati - 781007, Assam, INDIA
E-mail : assamfoundationindia@gmail.com
Phones : (0091) 995-481-6628, (0091) 908-505-8782

Printed and bound in the USA by CreateSpace

মোৰ দৃষ্টিত শংকৰদেৱৰ গণতান্ত্ৰিক সমাজবাদী আদৰ্শ আৰু কলাচৰ্চাৰ বৈশিষ্ট্য

অৰ্ণৱ জান ডেকা

***অৰ্ণৱ জান ডেকা**ৰ সাহিত্যৰ সৈতে পৰিচিতসকলে তেখেতৰ লেখাসমূহত আৱিষ্কাৰ কৰে জীৱনৰ প্ৰতি প্ৰগাঢ় আস্থা। ব্যক্তিগত জীৱনত লিংগ-বৰ্ণ-অৰ্থকেন্দ্ৰিক বৈষম্যক চিৰকাল অস্বীকাৰ কৰি অহা এই সাহিত্যিকগৰাকীৰ ১৯৭৫ চনত 'অসম বাণী' কাকতযোগে প্ৰাথমিক বিদ্যালয়ৰ ছাত্ৰাৱস্থাতে আত্মপ্ৰকাশ আছিল অসমৰ সাহিত্যজগতৰ বাবে এক গুৰুত্বপূৰ্ণ পৰিঘটনা। অষ্টম শ্ৰেণীৰ ছাত্ৰাৱস্থাতে তেওঁ লিখি উলিয়াইছিল অসমৰ বুৰঞ্জী আধাৰিত পূৰ্ণাংগ নাটক 'মোৱামৰীয়া'। তেওঁ নৱম শ্ৰেণীৰ স্কুলীয়া ছাত্ৰ হৈ থাকোতেই ১৯৮১ চনত তেওঁৰ ৰচিত অনাতাঁৰ নাট 'মুক্তি' আকাশবাণী গুৱাহাটী কেন্দ্ৰযোগে প্ৰচাৰ হৈ সৰ্বভাৰতীয় অভিলেখ সৃষ্টি কৰিছিল। দশম শ্ৰেণীৰ প্ৰৱেশিকা পৰীক্ষাত উত্তীৰ্ণ হোৱাৰ পূৰ্বেই ১৯৮৩ চনত প্ৰকাশ পাইছিল তেওঁৰ প্ৰথমখন গ্ৰন্থ 'এফাঁকি ৰ'দ'। অসমৰ প্ৰসিদ্ধ কবি হীৰেন ভট্টাচাৰ্যই নামকৰণ কৰা এই কাব্যগ্ৰন্থই জ্ঞানপীঠ বঁটা বিজয়ী ভাৰতীয় সাহিত্যাকাশৰ সূৰ্য তথা সাহিত্য অকাডেমীৰ সভাপতি ডঃ বীৰেন্দ্ৰ কুমাৰ ভট্টাচাৰ্যৰো মনোযোগ আকৰ্ষণ কৰি ১৯৮৫ চনতেই অৰ্ণৱ জান ডেকাৰ সাহিত্যৰ সম্ভাৱনীয়তা ৰাজহুৱাভাৱে ঘোষণা কৰি এক মনোজ্ঞ সমালোচনা লিখিবলৈ তেখেতক উদ্বুদ্ধ কৰিছিল। প্ৰথম আত্মপ্ৰকাশৰ পৰৱৰ্তী পৰ্যায়ত প্ৰায় পাঁচিশ বছৰ ধৰি অসমৰ শীৰ্ষস্থানীয় কাকত 'দৈনিক অসম', 'দৈনিক জনমভূমি', 'দ্য আসাম ট্ৰিবিউন', 'অগ্ৰদূত' আদিত গভীৰ সামাজিক বিষয়ক প্ৰবন্ধ লিখি অসমীয়া পঢ়ুৱৈৰ মানসত নিগাজী আসন লাভ কৰাৰ পাছত বিংশ শতিকাৰ শেষভাগত তেওঁ গল্প আৰু উপন্যাস ৰচনাত মনোনিৱেশ কৰি এটা দশকৰ ভিতৰতে অসমৰ শীৰ্ষস্থানীয় গল্পকাৰৰূপেও স্বীকৃত হয়। গল্প আৰু উপন্যাসৰ বাবে তেওঁ কেবাটাও সৰ্বভাৰতীয় পৰ্যায়ৰ বঁটা লাভ কৰিছে। ইংৰাজী, স্পেনিছ, বাংলাৰ দৰে বিশ্বৰ আগশাৰীৰ ভাষালৈ অনুদিত তেওঁৰ গল্প আৰু কবিতাই আন্তৰ্জাতিক স্তৰত অসমীয়া সাহিত্যক প্ৰতিষ্ঠাত গুৰুত্বপূৰ্ণ ভূমিকা পালন কৰিছে। ২০১৬ চনৰ ইণ্টাৰনেটৰ এক সমীক্ষাত তেওঁ বিশ্বজুৰি সবাতোকৈ প্ৰসিদ্ধ অসমীয়া সাহিত্যিক পাঁচগৰাকীৰ মাজত অন্যতম সন্মানীয় স্থান লাভ কৰিছে।।*

লেখকৰ ভাষাত তেওঁৰ নিজস্ব ব্যক্তিত্বৰ পৰিচয় পোৱা যায়। শব্দৰ প্ৰয়োগ সতেজ। বহু ব্যৱহৃত মৃতপ্ৰায় শব্দ তেওঁৰ পছন নহয়। তেওঁ সাধাৰণভাৱেই ডাঙৰ কথা এটা কৈ পেলাব পাৰে। —সৰস্বতী সন্মান বিজয়ী ঔপন্যাসিক **ড° লক্ষ্মীনন্দন বৰা,** সম্পাদক, 'গৰীয়সী'

মনত অদম্য সাহস আছে আৰু মূৰত দুটামান পোক। এই পোকে কুটি থকা বাবেই ডেকাই চিন্তা কৰিব পাৰে।—সাহিত্য অকাডেমী বঁটা বিজয়ী গল্পকাৰ **অতুলানন্দ গোস্বামী**

মই আৱিষ্কাৰ কৰা অৰ্ণৱ জান ডেকাৰ আটাইতকৈ ডাঙৰ গুণ হ'ল অপ্ৰিয় হোৱাৰ সাহস। অৰ্ণৱ জান ডেকা লেখক হিচাপে কিছু inhibitionsৰ পৰা মুক্ত, অপ্ৰিয় হোৱাৰ সাহস তেওঁৰ প্ৰচুৰ—এই দুটা গুণ ঠিকমতে channelised কৰিব পাৰিলে, ভোগবাদে জন্ম দিয়া কিছু ভণ্ডামিৰ বিৰুদ্ধে তেওঁৰ কলম শক্তিশালী অস্ত্ৰ হৈ উঠাৰ সম্ভাৱনা আছে। —
ফণীন্দ্ৰ কুমাৰ দেৱচৌধুৰী, অসমীয়া প্ৰতিদিন, ২৭ ফেব্ৰুৱাৰী ২০০০

অৰ্ণৱৰ কবিতা পঢ়ি তবধ মানিছোঁ। বিজ্ঞানৰ ছাত্ৰ কাৰণেই হয়তো তেওঁ ৰচা কবিতাত সুন্দৰ বিজ্ঞানসন্মত মানসিকতাৰ জিলিকনি পাইছোঁ। অৰ্ণৱৰ কবিতা পঢ়ি এটা কথা মনত পৰিছে। বিজ্ঞানী আইনষ্টাইন আৰু সংগীতকাৰ টস্কানিনিয়ে এবাৰ কোৱাকুই কৰিছিল যে বিজ্ঞান আৰু সংগীতৰ উন্নততম সৃষ্টিত বিজ্ঞানসন্মত মানসিকতাৰে তিওৱা আৰ্ট থাকে।— দাদা চাহেব ফালকে বঁটা বিজয়ী বিশিষ্ট সংগীতজ্ঞ, গীতিকাৰ, সাহিত্যিক **ড° ভূপেন হাজৰিকা**, প্ৰাক্তন সভাপতি, সংগীত নাটক অকাডেমী, সম্পাদক, 'আমাৰ প্ৰতিনিধি'

কবিৰ বিনয় আছে। সেইবাবে সৃষ্টিৰ অতৃপ্তিও আছে। তদুপৰি তেওঁৰ আছে পূৰ্ণতাৰ হেঁপাহ। তেওঁৰ কবিতাত দেখা ইতিহাসৰ উপলব্ধিয়ে সমাজ সচেতনতাৰো ইঙ্গিত দিয়ে। কবিৰ আত্মবেদনাও তাৎপৰ্যপূৰ্ণ। — জ্ঞানপীঠ বঁটা বিজয়ী **ড° বীৰেন্দ্ৰ কুমাৰ ভট্টাচাৰ্য্য**, প্ৰাক্তন সভাপতি, সাহিত্য অকাডেমী, সম্পাদক, 'ৰামধেনু' আৰু 'নৱযুগ'

Renowned Assamese story-writer and all-India award winner engineer Arnab Jan Deka, whose one hour documentary film on Srimanta Sankardev made in the year 1996 screened all over the world including USA, Canada and Europe, made the contributions of the genius familiar to the world community. — **The Assam Tribune** 9 October 2006

For the last more than three decades Arnab Jan Deka has been enriching Assamese language with his short stories, novels, poetry and essays. His popular short stories had already been translated into several international languages like English, Bengali, Spanish, French, Italian and German and had been widely accepted by readers beyond Indian borders. —
The Sentinel 1 September 2011

একে লেখকৰ অন্যান্য কিছু গ্ৰন্থ

গল্পগ্ৰন্থ

অকস্মাৎ এক আবেলি
নাৰীবাদৰ নৰক
হৃদয়বতীৰ সন্ধান
দেশে দেশে মোৰ সুহৃদ
নিষিদ্ধ নগৰী সহৃদয় নগৰী

কাব্যগ্ৰন্থ

এফাঁকি ৰ'দ
হৃদয়বতীৰ সন্ধান আৰু অন্যান্য কবিতা
মোৰ দহিকতৰা মোৰ সপোনৰ বতৰা
তুমি ঋতুপৰ্ণা
A Stanza of Sunlight on the Banks of Brahmaputra

উপন্যাস

ভৱ আনন্দ সংবাদ
সুসময় দুঃসময়
অন্তৰন্তা
নায়কৰ নগৰী
নৈশক্লাবত বিগতযৌৱনা
অন্ধকাৰৰ কবিতা
মই আৰু ভূপেনদা

ৰচনা সংকলন

জীৱনৰ ধাৰাভাষ্য
যৌৱন আৰু দৃষ্টি
মানুহৰ অধিকাৰ মানুহৰ দায়িত্ব
হৃদয়ৰ সংলাপ

অসমীয়া জাতীয় পৰম্পৰা নিভাঁজ ৰূপত অনুশীলন আৰু প্ৰতিপালন কৰি
জাতিটোক ঐশ্বৰ্যশালী কৰি অকালতে ধৰাধামৰ পৰা বিদায় লৈয়ো নিজৰ
বৌদ্ধিক কৰ্মৰ মাজেৰে অসমৰ সামাজিক আৰু বৌদ্ধিক ক্ষেত্ৰক গৰিমামণ্ডিত
কৰি ৰখা যুগজয়ী সাহিত্যিক-দম্পতি
অধ্যক্ষ ভৱানন্দ ডেকা আৰু নলিনী প্ৰভা ডেকাৰ
পৱিত্ৰ স্মৃতিত আন্তৰিক শ্ৰদ্ধাঞ্জলি।

'আৱাহন-ৰামধেনু যুগ'ৰ খ্যাতনামা সাহিত্যিক অধ্যক্ষ ভৱানন্দ ডেকা আৰু গল্পকাৰ-কবি-অনাতাঁৰ নাট্যকাৰ নলিনী প্ৰভা ডেকাৰ সৈতে গল্পকাৰ-নদী গৱেষক-অভিযন্তা পুত্ৰ অৰ্ণৱ জানডেকা(১৯৭৫)

সৰস্বতী সন্মান বিজয়ী বিশিষ্ট ভাৰতীয় সাহিত্যিক তথা 'গৰীয়সী' আলোচনীৰ স্বনামধন্য সম্পাদক ডঃ লক্ষ্মীনন্দন বৰা আৰু বৃটিছ কবি-পৰিৱেশকৰ্মী টেছ জয়ছৰ সৈতে গল্পকাৰ অৰ্ণৱ জান ডেকা (২০০৯)

মুখবন্ধ

মোৰ শংকৰদেৱ চৰ্চা

শ্ৰীমন্ত শংকৰদেৱ প্ৰৱৰ্তিত নৱবৈষ্ণৱ ধৰ্মৰ দাৰ্শনিক তত্ত্বৰ পাণ্ডিত্যপূৰ্ণ আলোচনা কৰাৰ জোখাৰে যোগ্যতা অৰ্জন কৰিব পৰাকৈ ব্যাপক গৱেষণাৰ মাজেৰে যি পাণ্ডিত্য অৰ্জন অপৰিহাৰ্য, তেনে কঠোৰ একনিবিষ্ট কৃচ্ছ্ৰসাধনা কৰাৰ বাবে মোৰ বৃত্তি, শৈক্ষিক প্ৰেক্ষাপট আৰু সামাজিক অগ্ৰাধিকাৰপ্ৰাপ্ত কৰ্তব্যই মোক কেতিয়াও অনুমতি দিয়া নাই। কিন্তু, বহুতে ভবাৰ দৰে মোৰ প্ৰযুক্তিবিদ্যাৰ অৰ্হতাখিনিক মই শংকৰদেৱ-চৰ্চাৰ পৰিপন্থী বুলি কেতিয়াও ভবা নাই।

অসমৰ এগৰাকী আগশাৰীৰ বৈষ্ণৱ গৱেষকৰূপে সৰ্বজনস্বীকৃত মোৰ পিতৃ অধ্যক্ষ ভৱানন্দ ডেকাৰ প্ৰচ্ছায়াত আশৈশৱকাল ধৰি মহাপুৰুষ শংকৰদেৱৰ যিখন জীৱনচিত্ৰ মোৰ মানসত গঢ় লৈ উঠিছিল, তাৰ আলমত শংকৰদেৱক কলা আৰু বিজ্ঞানৰ সকলো ক্ষেত্ৰত স্বচ্ছন্দ্যে বিচৰণ কৰা এগৰাকী ক্ষণজন্মা সৰ্বজ্ঞ-সৰ্বগুণাকৰৰূপেহে মই আৱিষ্কাৰ আৰু গ্ৰহণ কৰিছো।

এতিয়া পৰিণত ডেকা বয়সত মই নিজকে সম্পূৰ্ণ আধুনিক মানুহ বুলি গণ্য কৰো আৰু অসমত বা ভাৰতত যুগ যুগ ধৰি প্ৰচলিত জাতিভেদ, ধৰ্মীয় বিভাজন, নাৰীবৈষম্য, মাদকদ্ৰব্য সেৱন আদিৰ দৰে ঘৃণনীয় প্ৰথাবোৰক আধুনিক পৃথিৱীত সম্পূৰ্ণভাবে বৰ্জনযোগ্য সামাজিক অভিশাপ বুলি মানি লৈছো।

কিন্তু, এনে সৰ্বাধুনিক মানুহৰ দৃষ্টিৰেও মই শ্ৰীমন্ত শংকৰদেৱৰ নীতি-আদৰ্শৰ সৈতে নিজকে সমগোত্ৰীয় ৰূপতহে আৱিষ্কাৰ কৰিছো। সেইকাৰণে, মই ভাবো যে আধুনিক অসম বা ভাৰতবৰ্ষতো শংকৰদেৱ কেতিয়াও অপ্ৰাসংগিক নহয়, আৰু বিশ্বৰ আগত গুৰুজনাক মেলি দিব পাৰিলে সমগ্ৰ পৃথিৱীৰ বিদ্বত সমাজে তেৰাৰ আদৰ্শক আঁকোৱালি ল'ব। এই প্ৰেক্ষাপটতে মই গুৰুজনাৰ বিষয়ে আধুনিক প্ৰজন্মৰ দৃষ্টিৰে আলোচনা কৰিব খুজিছো।

মোৰ শংকৰদেৱ-চৰ্চাত পৰ্যায়ক্ৰমে এটা এটাকৈ অধ্যয়নৰ স্তৰবোৰ অতিক্ৰম কৰি আহিছো। আগত দিনবোৰত অধ্যয়ন অধিক ব্যাপক আৰু গভীৰ হ'ব বুলি

গভীৰ আশা পোষণ কৰিবলৈ লৈছো। মোৰ অধ্যয়নে সামৰি লোৱা শংকৰদেৱ-চৰ্চাত সন্নিৱিষ্ট বিষয়কেইটা থোৰতে এইখিনিতে উনুকিয়াই যাব বিচাৰিছো ঃ

(১) শংকৰদেৱৰ জীৱন অধ্যয়ন --- মোৰ দেউতাৰ পথপ্ৰদৰ্শন,

(২) মোৰ বিজ্ঞান-প্ৰযুক্তিশিক্ষা --- শংকৰদেৱৰ সৈতে বিৰোধ নাই,

(৩) প্ৰযুক্তিৰ প্ৰতি শংকৰদেৱৰ আগ্ৰহ --- জলসিঞ্চন-বান নিয়ন্ত্ৰণ --- টেম্বুৰনী জান,

(৪) পৰিবেশ সচেতনতা -- পৰিৱেশ-বান্ধৱ প্ৰসাদ -- বায়-ডিগ্ৰেডেবল সামগ্ৰী যেনে, -- কলপাত, বাঁহৰ খৰাহী, মাটিৰ চাকি,

(৫) স্বাৱলম্বী অৰ্থনীতি -- সত্ৰৰ আৰ্হি,

(৬) দৃশ্য-শ্ৰব্য মাধ্যমৰ গুৰুত্ব অনুধাৱন -- বৈজ্ঞানিক ব্যৱহাৰ,

যেনে, -- চিহ্নযাত্ৰা,
নাটক.
মুখা -- ফাইন আৰ্ট,
সংগীত,
নৃত্য,
সাহিত্য,
নাম-কীৰ্ত্তন,

(৭) শংকৰদেৱৰ গণতান্ত্ৰিক দৰ্শন,

(৮) বৰ্তমানৰ পটভূমিত শংকৰদেৱৰ প্ৰাসংগিকতা।

আশা কৰিছো যে মোৰ এই চৰ্চাৰ মাজেৰে অসমীয়া সাহিত্য জগতলৈ সামান্য পৰিমাণে সেৱা আগবঢ়াবলৈ সক্ষম হ'ম।

এই ছেগতে উনুকিয়াই থ'ব খুজিছো যে মোৰ পৰম পূজ্যপাদ পিতৃ-মাতৃৰ পৰা লাভ কৰা আশৈশৱ শিক্ষা আৰু সংস্কাৰেই মোক অসমৰ জাতীয় জীৱন, সাহিত্য, কলা, ঐতিহ্য আৰু সমাজ-জীৱনৰ গভীৰলৈ প্ৰৱেশ কৰিবলৈ উদ্বুদ্ধ কৰিছিল। তেখেতসকলে প্ৰদৰ্শন কৰি যোৱা পথেৰেই এতিয়াও আগবাঢ়ি যাবলৈ নিৰন্তৰ প্ৰয়াস কৰি আছো।

মোৰ পিতৃ অধ্যক্ষ ভৱানন্দ ডেকা 'আৱাহন-ৰামধেনু যুগ'তেই প্ৰতিষ্ঠা লাভ কৰা অসমৰ স্বনামধন্য সাহিত্যিক হোৱাৰ সমান্তৰালভাৱে তেখেতে অসমৰ

ঐতিহ্য, অৰ্থনীতি, জনজাতীয় জীৱন-সংস্কৃতি, ধৰ্ম, প্ৰত্নতত্ত্ব, শিক্ষাক্ষেত্ৰ সম্বন্ধেও বিস্তাৰিত ক্ষেত্ৰভিত্তিক অধ্যয়ন আৰু গৱেষণা কৰি গৈছে। এই গৱেষণাসমূহৰ ফচলৰূপে অসমীয়া জাতিয়ে সৰ্বমুঠ ১১৫ (এশ পোন্ধৰ) খন গ্ৰন্থ উপহাৰৰূপে লাভ কৰি ধন্য হৈছে। তাৰ সমান্তৰালভাৱে তেখেতে অসমৰ শিক্ষাক্ষেত্ৰত যুগান্তকাৰী অৱদান আগবঢ়াই অসমৰ গাঁৱে-নগৰে উচ্চশিক্ষা সহজলভ্য কৰি গ্ৰামাঞ্চলৰ বাসিন্দা ছাত্ৰ-ছাত্ৰীৰ মাজত কিংবদন্তি হৈ উঠিছে। কিন্তু অসমতে তেখেতৰ কৰ্মক্ষেত্ৰ সীমাৱদ্ধ নাছিল। তেখেতে, ভাৰত চৰকাৰৰ নিমন্ত্ৰণত ৰাজধানী মহানগৰী দিল্লীত প্ৰথমগৰাকী অসমীয়া জ্যেষ্ঠ বিষয়াৰূপে কাৰ্যনিৰ্বাহ কৰি থকাৰ সময়তে বিংশ শতিকাৰ ষাঠিৰ দশকৰ শেষভাগত নিজৰ চৰকাৰী ক্ষমতাৰ সদব্যৱহাৰ কৰি অসমীয়া ভাষা-সাহিত্যলৈ এক ঐতিহাসিক আৰু অভূতপূৰ্ব অৱদান আগবঢ়াই অসমীয়া জাতিক চিৰঋণী কৰি গৈছে। তেখেতে সম্পূৰ্ণ নিজা উদ্যোগত, আৰু অনুগামী কনিষ্ঠ সহযোগীৰ সমৰ্থনত, ভাৰতৰ ৰাজধানী চহৰত প্ৰথমবাৰলৈ অসমীয়া ভাষা-সাহিত্যৰ জয়ডংকা বজাই দিল্লী বিশ্ববিদ্যালয় আৰু সাংবিধানিক সংস্থা কেন্দ্ৰীয় লোকসেৱা আয়োগত অসমীয়া বিভাগ প্ৰতিষ্ঠা কৰিছিল। তদুপৰি, তেখেতে গল্পকাৰ-কবি-অনাতাঁৰ নাট্যকাৰ পত্নী নলিনী প্ৰভা ডেকাৰ সহযোগত নতুন দিল্লী মহানগৰীত অসমীয়া ভাষা-সাহিত্য সম্পৰ্কীয় প্ৰথমখন বিশাল সভাৰ আয়োজন কৰি ভাৰতৰ দুজনকৈ ৰাষ্ট্ৰপতি আৰু দুজনকৈ প্ৰধানমন্ত্ৰীক নিমন্ত্ৰণ কৰি আনি সাহিত্যৰথী লক্ষ্মীনাথ বেজবৰুৱাৰ জন্মশতবাৰ্ষিকী উদযাপনৰ লগতে ইংৰাজী গ্ৰন্থ প্ৰকাশ কৰি ৰাষ্ট্ৰজোৰা খ্যাতি আৰু সাধুবাদ অৰ্জন কৰিছিল। তেখেতে দেহাৱসানৰ পূৰ্বে সম্পূৰ্ণ দহবছৰকাল কালান্তক পৰিশ্ৰম কৰি অসমীয়া জাতিৰ কালজয়ী গ্ৰন্থ শংকৰদেৱৰ ‘কীৰ্ত্তন-ঘোষা’ৰ ইংৰাজী বিস্তাৰিত গদ্যভাঙনি গ্ৰন্থখনি সম্পূৰ্ণ কৰি সমগ্ৰ অসমীয়া জাতিৰে স্নেহ আৰু শ্ৰদ্ধাৰ গৰাকী হৈছিল।

স্বামী-প্ৰদৰ্শিত পথকে অনুসৰণ কৰি মোৰ মাতৃ নলিনী প্ৰভা ডেকায়ো সাহিত্য আৰু কলাৰ সেৱাৰে অসমীয়া জাতিক গৰিমামণ্ডিত কৰাৰ লগতে নাৰীৰ অধিকাৰ লৈ সজোৰে মাত মাতি আৰু উত্তৰ-পূৱ ভাৰতৰ প্ৰথমটো মহিলা ৰাজনৈতিক সংগঠন ‘পূৰ্বাঞ্চলীয় লোক পৰিষদ’ৰ প্ৰতিষ্ঠাপিকা সভানেত্ৰীৰূপে নেতৃত্ব প্ৰদান কৰি নাৰীসমাজক স্বাৱলম্বন আৰু আত্মসন্মানৰ শিক্ষা দি অসমীয়া

সমাজত নৱন্যাসৰ সূচনা কৰিছিল। গল্প, কবিতা, প্ৰৱন্ধ, গৱেষণা-পত্ৰ, জীৱনী আদি ৰচনাৰে অসমীয়া সাহিত্যক সমৃদ্ধ কৰাৰ লগতে তেখেতে ৰেডিঅ'ৰ বাবেও নাটক লিখি আৰু নিজে অভিনয় কৰি ইতিহাস ৰচনা কৰিছিল।

ধৰ্মীয় সংকীৰ্ণতাৰ পৰা অসমীয়া নাৰীসমাজক মুক্তিৰ স্বাদ দি মোৰ মাতৃয়ে গুৱাহাটী মহানগৰীৰ প্ৰাণবিন্দুত সম্পূৰ্ণভাৱে মহিলাৰ দ্বাৰা পৰিচালিত এটা নামঘৰ প্ৰতিষ্ঠা কৰি অসমৰ সমাজ জীৱনত বিপ্লৱৰ সূচনা কৰিছিল। তেখেতে, অসমীয়া বৈষ্ণৱ ধৰ্মৰ গুৰি ধৰোতা মহীয়সী নাৰীসকলকো গৱেষণাৰ মাজেৰে চৰ্চাৰ কেন্দ্ৰবিন্দুলৈ আনি প্ৰথমখন গ্ৰন্থ প্ৰণয়ন কৰি এক মহৎ কৰ্ত্তব্য পালন কৰি গৈছে।

এই দুই পিতৃ-মাতৃৰ পৰা মই সহজ-সৰল জীৱন যাপন কৰি উচ্চ চিন্তা আৰু বৌদ্ধিক সাধনাৰে জীৱনক গৰিমামণ্ডিত কৰাৰ শিকনি লাভ কৰি ধন্য হৈছো। মোৰ শংকৰদেৱ চৰ্চাৰ মাজতো সেই ঐতিহ্যৰ প্ৰতিফলন যদি পাঠকে আৱিষ্কাৰ কৰে, মই ধন্য মানিম।

শ্ৰীমন্ত শংকৰদেৱ আন্তৰ্জাতিক প্ৰতিষ্ঠান গঠন আৰু শংকৰদেৱৰ জীৱনভিত্তিত মই পৰিচালনা কৰা এঘণ্টীয়া তথ্যচিত্ৰ আমেৰিকা যুক্তৰাষ্ট্ৰৰ ছমাৰছেট আৰু আটলাণ্টিক চিটি চহৰত ৰাজহুৱাভাৱে প্ৰদৰ্শন মোৰ জীৱনৰ দুটা উল্লেখযোগ্য ঘটনা আছিল। দুয়োটা কাৰ্যতে মোৰ পিতৃ-মাতৃৰ উদাৰ সহযোগ আৰু পৃষ্ঠপোষকতা মোৰ জীৱনৰ চিৰকলীয়া মধুৰ স্মৃতি। এই সকলো অভিজ্ঞতাৰে লিখা ৰচনাও এই গ্ৰন্থত সন্নিৱিষ্ট কৰিবলৈ পাই বৰ সুখী হৈছো। এই গ্ৰন্থখনি সেই প্ৰতিষ্ঠানৰ উদ্যোগতে প্ৰকাশৰ ব্যৱস্থা হোৱাৰ পৰম আনন্দ লাভ কৰিছো আৰু মোৰ পিতৃ-মাতৃৰ পৰলোকগত আত্মায়ো পৰম সুখ লৈ পৰমানন্দত বিলীন হ'বগৈ বুলি প্ৰাৰ্থনা কৰিছো।।

অৰ্ণৱ জান ডেকা

লেখকৰ ঠিকনা ঃ
অধ্যক্ষ ভৱানন্দ ডেকা ফাউণ্ডেছন,
২৮, পূব শৰণীয়া পাহাৰৰ দাঁতিপথ,
গুৱাহাটী- ৭৮১০০৭, ফোন ঃ ৯৯৫৪৮-১৬৬২৮
Email : janarnab@gmail.com,
Facebook : Er Arnab Jan Deka, *Twitter :* @janarnab

বিষয়সূচী

সাহিত্য অকাডেমীৰ প্ৰাক্তন সভাপতি, ‘ৰামধেনু যুগ’ৰ হোতা ডঃ বীৰেন্দ্ৰ কুমাৰ ভট্টাচাৰ্য্যই আগ্ৰহেৰে অধ্যয়ন কৰিছে উত্তৰ ৰামধেনু যুগত আত্মপ্ৰকাশ কৰা সাহিত্যিক অৰ্ণৱ জান ডেকাৰ প্ৰথম প্ৰকাশিত গ্ৰন্থ ‘এফাঁকি ৰ’দ’ (১৯৮৩)

জ্ঞানপীঠ বঁটা বিজয়ী বিশিষ্ট ভাৰতীয় সাহিত্যিক ডঃ মামণি ৰয়ছম গোস্বামীৰ সৈতে গল্পকাৰ অৰ্ণৱ জান ডেকা (২০০৭)

বিংশ শতিকাৰ পটভূমিত দৃশ্য-শ্ৰব্য মাধ্যমৰ শিল্পী শ্ৰীমন্ত শংকৰদেৱ

শ্ৰীমন্ত শংকৰদেৱক মহাপুৰুষ বুলি অভিহিত কৰাৰ কেতবোৰ সঙ্গত কাৰণ আছে। তেওঁৰ আছিল এক গভীৰ ভৱিষ্যতদৰ্শী দৃষ্টি। তেওঁ এনে কলা সৃষ্টি কৰি যাব বিচাৰিছিল, যি কালক জয় কৰা এক সংস্কৃতি গঢ় দিব পাৰে। সাধাৰণ মানুহৰ কলাগ্ৰাহিতা অনুধাৱন কৰিব পৰাকৈ তেওঁৰ সুক্ষ্ম মনোবৈজ্ঞানিক দৃষ্টিভঙ্গী আৰু বিশ্লেষণ ক্ষমতা আছিল। এই ক্ষমতাখিনিৰ সু-প্ৰয়োগ কৰি শ্ৰীমন্ত শংকৰদেৱে অসমৰ সাধাৰণ ৰাইজৰ উপযোগীকৈ বিভিন্ন কলা সৃষ্টি কৰি অসমত সাংস্কৃতিক নৱন্যাস বা 'ৰেনাছাঁ'ৰ সূচনা কৰিলে। এজন মহাশিল্পীৰ পক্ষেহে ই সম্ভৱ। তাতোকৈ ডাঙৰ কথাটো হ'ল, শংকৰদেৱৰ সমসাময়িক অসমৰ পৰিৱেশ, মানুহৰ মানসিক স্তৰ, সহমৰ্মী শিল্পানুৰাগী কৰ্মী আদিয়ে যোগাত্মক সঙ্গদান কৰা নাছিল। এক চৰম নিৰুৎসাহজনক পৰিৱেশতে তেওঁ কেৱল অসাধাৰণ মানসিক শক্তি আৰু বিশিষ্ট শিল্পচেতনাৰ ভৰসাতে সেই কালজয়ী সৃষ্টিসমূহ কৰি গৈছিল। ই আছিল শংকৰদেৱৰ গভীৰ সামাজিক দায়বদ্ধতা আৰু সমসাময়িক অসমৰ সমাজখনৰ প্ৰতি গভীৰ সহমৰ্মিতাৰ চিন। শিল্পৰ খাটিৰত শিল্প সৃষ্টিৰ সলনি জীৱনৰ বাবে শিল্প সৃষ্টি কৰি শংকৰদেৱে নিজকে মানৱতাবাদী শিল্পী বুলি চিনাকি দি থৈ গৈছে।

এই মানৱতাবাদী শিল্পীজনাৰ প্ৰতি অসমৰ কলানুৰাগী ৰাইজে উপযুক্ত শ্ৰদ্ধা ৰাখিছে নে নাই, সি এক বিতৰ্কৰ বিষয় হ'ব পাৰে। কিন্তু তাৰ আগতে, শংকৰদেৱে সৃষ্টি কৰি যোৱা কলাসম্পদসমূহ নো আজিৰ পটভূমিত আজিৰ প্ৰজন্মৰ বাবে কিমানখিনি প্ৰাসঙ্গিক, তাৰ এক লেখ লোৱাৰ প্ৰয়োজন। যিকোনো সৃষ্টিয়ে যদি কালৰ নিৰ্বিকাৰ বিবেচনাত প্ৰাসঙ্গিকতা হেৰুৱাই পেলায়,

তেনে শিল্পৰ ৰচয়িতাক উত্তৰপুৰুষে স্বীকৃতি নিদিলে বুলি আপত্তি কৰাৰ বিশেষ থল নাথাকে। শংকৰদেৱৰ সৃষ্টিসমূহ অসমত চূড়ান্ত অবৈজ্ঞানিক পৰিৱেশতো যোৱা পাঁচটা শতিকা ধৰি জীয়াই থাকিল। ই এটা অতি তাৎপৰ্যপূৰ্ণ কথা। কিয়নো, শংকৰদেৱৰ আদৰ্শৰ প্ৰতি ৰাইজৰ পৱিত্ৰ শ্ৰদ্ধা আৰু অনুৰাগেহে অসমত শংকৰদেৱৰ সৃষ্টিসমূহ জীয়াই ৰাখিলে। বিজ্ঞানসন্মত সংৰক্ষণ পদ্ধতিৰ কোনো অৱদান এই ক্ষেত্ৰত নাই। এনেদৰে, শতিকাৰ পাছত শতিকা ধৰি এটাৰ পাছত আনটো পুৰুষে শংকৰদেৱৰ সৃষ্টিখিনিক আটোমটোকাৰিকৈ জীয়াই ৰাখিলে। অসমৰ ওপৰেৰে সামাজিক, অৰ্থনৈতিক আৰু ভৌগলিক বহু বিপৰ্যয় এই পাঁচোটা শতাব্দীত পাৰ হৈ গ'ল। অথচ শংকৰদেৱৰ স্মৃতি মানুহৰ মানসপটত অক্ষয়-অব্যয়-অবিকৃত হৈ ৰ'ল। শংকৰদেৱৰ সৃষ্টিসমূহৰ এনে অন্তঃশক্তি হয়তো আছিল, যি মানুহক নতুন যুগৰ বাৰ্তাবাহক ডাকোৱালৰ ভূমিকা গ্ৰহণ কৰিবলৈ বাধ্য কৰিছিল। যুগৰ পাছত যুগ ধৰি মানুহৰ মানসিক জগত এনেদৰে আগুৰি থাকিব পৰা এজন শিল্পী সেয়েহে স্বাভাৱিকতে 'মহাপুৰুষ' আখ্যা পাবৰ যোগ্য।

কলাৰ সকলো ক্ষেত্ৰতে স্বচ্ছন্দ্যে বিচৰণ কৰি ফুৰিব পৰা এজন পূৰ্ণাঙ্গ শিল্পী আছিল শ্ৰীমন্ত শংকৰদেৱ। তেওঁৰ সৃষ্টিশীল প্ৰতিভা আছিল তবধ মানিবলগীয়া। অতি উচ্চ পৰ্যায়ৰ শিল্পসৃষ্টিৰ সামৰ্থ্য তেওঁৰ আছিল। গীত, নৃত্য, অভিনয়, চিত্ৰ, ভাস্কৰ্য, সাহিত্য আদি সকলো কলাৰ চৰ্চাতে তেওঁ অভিনৱ দক্ষতা দেখুৱাবলৈ সমৰ্থ হৈছে। ভক্তিৰসক মূল আধাৰৰূপে লৈ তেওঁ সৃষ্টিৰ সাধনাত নামিছিল। একেশ্বৰবাদী দৰ্শনত বিশ্বাসী শংকৰদেৱে কৃষ্ণৰ মহিমা বখানি শিল্প ৰচিছিল। সেয়েহে তেওঁৰ সমগ্ৰ সৃষ্টি মূলতঃ ভক্তিকেন্দ্ৰিক। ধৰ্মীয় চেতনাত আপ্লুত হৈ তেওঁৰ সৃষ্টিসমূহে এক সাৰ্বজনীন চৰিত্ৰ লাভ কৰিবলৈ সমৰ্থ হৈছিল। সেয়েহে অসমৰ অশিক্ষিত দুখীয়া নিছলাকো তেওঁ নিজৰ শিল্পৰ মাধ্যমেৰে আকৰ্ষণ কৰিবলৈ সক্ষম হৈছিল। শিল্পক উচ্চবৰ্গৰ অমাত্য আৰু সামন্তসকলৰ মাজৰ পৰা উলিয়াই আনি সৰ্বসাধাৰণৰ মাজত বিলাই দি অসমখনক এখন শিল্পপ্ৰাণ নাগৰিকৰ দেশ ৰূপে গঢ় দিবলৈ শংকৰদেৱে আন্তৰিকতাৰে প্ৰচেষ্টা চলাইছিল। সেই প্ৰচেষ্টা যে কিছুদূৰ সফল হৈছিল, তাৰ প্ৰমাণ এতিয়াৰ অসমীয়া সমাজতো বিদ্যমান।

আনৰ সংস্কৃতিক আঁকোৱালি লৈ অসমীয়া কৃষ্টিৰ ক্ষেত্ৰ বহল কৰাৰ বাবে যি উদাৰতা লাগে, অসমৰ ৰাইজক সেই উদাৰতা শংকৰদেৱে দি গ'ল। সৰ্বধৰ্ম সমন্বয় আৰু সহনশীলতা শংকৰদেৱে গঢ়া সাংস্কৃতিক নৱজাগৰণৰে অঙ্গ আছিল। সেয়েহে ৰাজনৈতিক চৰিত্ৰ একে হ'লেও সামাজিক আৰু সাংস্কৃতিক ক্ষেত্ৰসমূহত ভাৰতবৰ্ষৰ অন্যান্য ভাটীয়ালি অঞ্চলবোৰৰ সৈতে অসমৰ কিছুমান স্পষ্ট তফাৎ থাকি গ'ল। ভাৰতবৰ্ষৰ অন্য প্ৰদেশবোৰৰ জন-সমাজত মাত-কথাত সচৰাচৰ পৰিলক্ষিত হোৱা উগ্ৰতা আৰু অসহিষ্ণুতা অসমত অনুপস্থিত। জীৱন-ধাৰণৰ প্ৰণালীতো অসমত এক ধৰণৰ সৰলতা আছে; বহিৰাগতই অসমত প্ৰবেশ কৰিয়েই ইয়াৰ উমান পায়। আনৰ ওপৰত ভৰসা আৰু সৰল বিশ্বাস স্থাপন কৰি অসমবাসীয়ে মানৱীয় বিৰল গুণসমূহক জীয়াই ৰাখিছে। অৱশ্যে, ইয়াৰ বাবে অসমত প্ৰৱঞ্চিত হোৱা লোকৰ সংখ্যা তাকৰ নহয়। এইবোৰ বৈশিষ্ট্যৰ উপৰিও অসমে শংকৰদেৱৰ প্ৰভাৱত এক অতি হৃদয়স্পৰ্শী পৰম্পৰা গঢ় দিছে, যাৰ সহজ অনুশীলনৰ অভ্যাস ভাৰতবাসীয়ে গঢ়িব পাৰিলে ভাৰতৰ বহু সমকালীন সমস্যা হয়তো নোহোৱা হৈ গ'লহেঁতেন। অসমত অস্পৃশ্যতা সামগ্ৰিকভাৱে অনুপস্থিত বুলিব পাৰি। ঈশ্বৰৰ উপাসনাস্থলীত সকলোৰে প্ৰৱেশৰ অধিকাৰ অসমত মানি লোৱা হৈছে। সত্ৰসমূহৰ পৰা আৰম্ভ কৰি সকলো ক্ষেত্ৰতে গণতান্ত্ৰিক চিন্তাধাৰা আৰু পৰম্পৰাক সন্মান জনাই অহা হয়। হাজোৰ দৰে ভিতৰুৱা অঞ্চলত ধৰ্মীয় সহাৱস্থানৰ বিৰল নিদৰ্শন গাঁওবাসীয়ে যুগ যুগ ধৰি দেখুৱাই আহিছে। হাজোৰ পোৱামক্কা আৰু হয়গ্ৰীৱ মাধৱ মন্দিৰৰ ভাতৃসুলভ সহাৱস্থানৰ কাহিনী যদি দেশখনত সম্যকভাৱে প্ৰচাৰ কৰিব পৰা গ'লহেঁতেন, আজি অযোধ্যাৰ বিবাদে দেশখনৰ হৃদয় খুলি খুলি খাবলৈ সুযোগ নাপালেহেঁতেন।

এই অসমৰ অন্তৰ-সংস্কৃতি গঢ় দিয়াত শংকৰদেৱৰ এটা বিশাল আৰু প্ৰভাৱশালী ভূমিকা আছে। সাধাৰণ অসমবাসীৰ হৃদয়বোৰ সংস্কৃতিৰে পৰিপূৰ্ণ কৰি তোলাৰ বাবে তেওঁ অভিনৱ পন্থা গ্ৰহণ কৰিছিল। শংকৰদেৱ বিজ্ঞানৰ ছাত্ৰ নাছিল কিম্বা তেওঁৰ সময়ত আধুনিক বিজ্ঞান-চৰ্চাই বিস্তাৰো লাভ কৰা নাছিল। তথাপি, আজিৰ অৰ্হতাসম্পন্ন অনুশীলনকে সাৱধানে পৰ্যবেক্ষণ কৰিলে অনুভৱ কৰে যে সংস্কৃতিৰ মাধ্যমেৰে মানুহৰ মাজত জীৱনবোধ গঢ়

দিয়াৰ বাবে শংকৰদেৱে যি পদ্ধতি গ্ৰহণ কৰিছিল, ই তেওঁক এজন প্ৰথম শ্ৰেণীৰ মনোবৈজ্ঞানিক আৰু সমাজবিজ্ঞানীৰ শাৰীলৈ উত্তীৰ্ণ কৰে।

শংকৰদেৱে সৃষ্টি কৰি যোৱা কলাসমূহ পৰ্যবেক্ষণ কৰিলে এনে অনুভৱ হয় যে কোনো এক অতীন্দ্ৰিয় সংবেদনশীলতাৰে তেওঁ হয়তো ভৱিষ্যত-দৰ্শনৰ সুযোগ লাভ কৰিছিল। তেওঁ হয়তো বুজি পাইছিল যে অদূৰ ভৱিষ্যতে, তেওঁৰ জীৱনৰ পাঁচটা শতিকা পাৰ হোৱাৰ পাছত, তেওঁৰ কলাৰ ধ্ৰুপদী মৰ্ম অসমৰ ৰাইজে বুজি পাব। শংকৰদেৱে হয়তো লগতে জানিছিল যে মানুহে তেওঁক পুনৰ আৱিষ্কাৰ কৰাৰ সময়লৈকে বৈজ্ঞানিক ক্ষেত্ৰত পৃথিৱীখন বহুদূৰ আগবাঢ়ি যাব। বিজ্ঞানসন্মত দৃষ্টিভঙ্গীৰে মানুহে প্ৰতিটো বিষয় বিশ্লেষণ কৰিবলৈ শিকিব। কলাসমূহৰো চৰ্চা, গৱেষণা আৰু বিকাশত বিজ্ঞানে এটা প্ৰভাৱশালী ভূমিকা পালন কৰিব বুলি শংকৰদেৱে হয়তো অনুমান কৰিব পাৰিছিল। শংকৰদেৱৰ তেনে ভৱিষ্যতদৰ্শী দৃষ্টি থকাৰ উমান তেওঁৰ কলাসমূহে দিয়ে। তেওঁৰ কলাসমূহ আজিৰ যুগতো যে প্ৰাসঙ্গিক হৈ আছে, ই এটা তাৎপৰ্যপূৰ্ণ কথা। আজিৰ যুগৰ আধুনিক মানুহে শংকৰদেৱৰ কলাসমূহৰ চৰ্চাৰ ক্ষেত্ৰত আধুনিক বৈজ্ঞানিক উপকৰণবোৰ ব্যৱহাৰ কৰি শংকৰী কলাক অধিক মনোগ্ৰাহী ৰূপত পৰিৱেশন কৰি দেখুৱাব পাৰিছে। ভাৰতীয় শাস্ত্ৰীয় ঐতিহ্যৰ পটভূমিত শংকৰী নৃত্য আৰু সঙ্গীতৰ এক নিজস্ব চৰিত্ৰ গঢ় লৈ উঠাটোকো বৌদ্ধিক সমাজে ইতিমধ্যে মানি লৈছে। এই শাস্ত্ৰীয় আধাৰটো বৈজ্ঞানিক দৃষ্টিভঙ্গীয়েহে গঢ় দিব পাৰে।

আধুনিক বিজ্ঞানৰ যুগে মানুহক দৃশ্য-শ্ৰব্য মাধ্যমৰ গুৰুত্ব ন-কৈ উপলব্ধি কৰাইছে। মুখৰ কথা বা কিতাপৰ ভাষা অপ্ৰাসঙ্গিক হৈ পৰা নাই ঠিকেই। কিন্তু, ছবি আৰু ধ্বনিৰ জৰিয়তে শিক্ষা দিয়া প্ৰণালীটো অতি আধুনিক আৰু বৈজ্ঞানিক বুলি বিদ্বত সমাজে মানি লৈছে। প্ৰাথমিক শিক্ষা আৰু প্ৰাপ্তবয়স্ক শিক্ষাৰ ক্ষেত্ৰত দৃশ্য-শ্ৰব্য মাধ্যমৰ ব্যৱহাৰত সমগ্ৰ বিশ্বই গুৰুত্ব দিছে। নিৰক্ষৰ লোকৰ ক্ষেত্ৰত যে ইয়াৰ বিকল্প নাই, সেই কথা অনস্বীকাৰ্য। তদুপৰি, দৃশ্য-শ্ৰব্য মাধ্যমে জটিল বিষয় একোটাকো সৰল আৰু মনোগ্ৰাহী ৰূপত দৰ্শক-শ্ৰোতাৰ সমুখত দাঙি ধৰিব পাৰে। কাহিনীৰ মাজেৰে দিয়া নীতি শিক্ষা পোনপটীয়া তত্ত্বকথাতকৈ অধিক ফলদায়ক হয় বুলি ইতিমধ্যে প্ৰমাণিত

হৈছে। এইবোৰ আধুনিক কালৰ বিশিষ্ট শিক্ষাবিদ, মনোবৈজ্ঞানিক আৰু সমাজ-বিজ্ঞানীয়ে দীৰ্ঘদিনীয়া গৱেষণা, পৰ্যবেক্ষণ, মত-বিনিময় আৰু ক্ষেত্ৰভিত্তিক অধ্যয়নৰ জৰিয়তে যোৱা শতিকাধৰি কৰা পৰিশ্ৰমৰ ফলত আৱিষ্কাৰ কৰা ফচল।

আশ্চৰ্যজনক কথাটো হ'ল, তেনে কোনো গৱেষক-সহযোগীৰ দল আৰু আন্তঃগাথনিৰ সহায় নোপোৱাকৈয়ে শ্ৰীমন্ত শংকৰদেৱে কেৱল Intuition বা অন্তঃদৃষ্টিৰে দৃশ্য-শ্ৰব্য মাধ্যমৰ গুৰুত্ব উপলব্ধি কৰিছিল। শংকৰদেৱৰ সময়ত ৰেডিঅ', টেলিভিশ্যন, কম্পিউটাৰ, ফিল্ম আদিৰ কথা কল্পনাই কৰা হোৱা নাছিল। কিন্তু শংকৰদেৱে জানিছিল যে অসমৰ লক্ষ লক্ষ লোকৰ ওচৰলৈ তেওঁৰ বাণী আৰু দৰ্শন কঢ়িয়াই নিব লাগিলে দৃশ্য-শ্ৰব্য মাধ্যমৰ কোনো বিকল্প নাই। নীতিবাগীশ ধৰ্মগুৰুৰ দৰে তত্ত্বকথা আওৰাই থকা একমাত্ৰিক চৰিত্ৰৰ ব্যক্তি শংকৰদেৱ নাছিল। জীৱনশিল্পী এজনৰ শিল্পীসুলভ চেতনাৰে তেওঁ মানুহক সংস্কৃতি-ভাৱাপন্ন কৰি তোলাৰ মাজেৰে অসমত সাম্যবাদ প্ৰতিষ্ঠা কৰি এখন আদৰ্শ সমাজ গঢ় দিয়াৰ পৰিকল্পনা কৰিছিল।

শংকৰদেৱে মানুহৰ মুখে মুখে প্ৰচলিত ভাগৱত পুৰাণৰ কাহিনীসমূহ সহজ পদ্যত লিখি উলিয়াইছিল। কৃষ্ণ-বন্দনা, গভীৰ দাৰ্শনিক চৰ্চা, নাটকীয়তা, শিল্পীসুলভ বৰ্ণনা আদি শংকৰী সাহিত্যৰ মূল উপজীৱ্য। তদুপৰি, লোকৰঞ্জক তথা কাল্পনিক কাহিনী কিছুমানৰ আধাৰত ভক্তিৰস জাগৃত কৰিব পৰাকৈ শংকৰদেৱে অংকীয়া নাটকো লিখিছিল। এই গীত-পদ্য সমূহৰ বাবে এক নিজস্ব গায়কীয়ো তেওঁ প্ৰস্তুত কৰিছিল। সমসাময়িক ভাৰতীয় মাৰ্গীয় সঙ্গীতৰ সৈতে সামঞ্জস্য ৰাখি তেওঁ নিজাকৈ ৰাগৰো সৃষ্টি কৰিছিল। বৰগীত সকলোবোৰেই নিৰ্দিষ্ট ৰাগাশ্ৰয়ী। পৰিৱেশনশৈলীতো নিজস্বতা আছে। বৰগীতে আধুনিক অসমীয়া সঙ্গীতৰ ধ্ৰুপদী ভেঁটি এটা নিগাজীকৈ স্থাপন কৰিছিল। গীতবোৰৰ জৰিয়তে ভক্তিৰস, বাৎসল্যৰস, বীৰৰস আদি পৰিৱেশন কৰি শ্ৰোতাক বৈচিত্ৰ্যৰ সোৱাদ দিয়াৰ মাজে মাজে শংকৰদেৱে নিজৰ বক্তব্যও কৈ গৈছিল। সঙ্গীতৰ ক্ষেত্ৰত অন্য এটা মন কৰিবলগীয়া কথা হ'ল, শংকৰদেৱে স্থান আৰু কাল অনুসৰি পৰিৱেশন কৰিব পৰা বৰগীত নিৰ্দিষ্ট কৰি দি গৈছিল। পুৱাবেলা গোৱা গীত আৰু সন্ধিয়া গোৱা গীত একে নাছিল। গীতৰ কথা

আৰু ৰাগসমূহে শ্ৰোতাক স্থান আৰু কালৰ আভাস অতি স্পষ্টকৈ দিয়ে।

নৃত্যৰ ক্ষেত্ৰতো শংকৰদেৱৰ সূক্ষ্ম বিচাৰধাৰা অতি স্পষ্ট। সাধাৰণ মানুহক আকৰ্ষণ কৰাৰ লগতে নৃত্যৰ নিজস্ব ধ্ৰুপদী শৈলী এটা গঢ় দিয়াতো শংকৰদেৱে গুৰুত্ব আৰোপ কৰিছিল। শংকৰদেৱে সেই সময়ত অসমত প্ৰচলিত বিভিন্ন জনগোষ্ঠীৰ পৰম্পৰাগত নৃত্য আৰু সাজ-সজ্জাৰ পৰা সমল আনি সত্ৰীয়া নৃত্যত ব্যৱহাৰ কৰাৰ বহু তথ্য আধুনিক নৃত্যবিদসকলে উদ্ধাৰ কৰিছে। এনেদৰে, সকলো জনগোষ্ঠীয়ে নিজৰ বুলি ভাবিব পৰা এটা শৈলীৰ নৃত্য তেওঁ গঢ় দিয়াৰ কৃতিত্ব পাইছে। শাস্ত্ৰীয় সমল বিচাৰি শংকৰদেৱে অসমৰ ওজাপালি নৃত্যৰ সহায় লৈছিল বুলিও কোৱা হয়। ভাৰতীয় মূল ভূখণ্ডৰ পৰা সম্পূৰ্ণ নিলগ কৰি এনেদৰে তেওঁ তিল্‌তিল্‌কৈ সত্ৰীয়া নৃত্যৰ শাস্ত্ৰসন্মত ৰূপ এটা গঢ় দিছিল। সত্ৰীয়া নৃত্যক তেওঁ ৰজাঘৰীয়া বা সম্ভ্ৰান্ত শ্ৰেণীৰ মনোৰঞ্জনৰ বাবে ব্যৱহাৰ হ'বলৈ নিদি সৰ্বসাধাৰণৰ মাজলৈ সত্ৰবোৰৰ জৰিয়তে উলিয়াই দিছিল। ইয়াৰ কাৰণটোও সুস্পষ্ট। তেওঁ নৃত্যকো নিজৰ আদৰ্শ প্ৰচাৰৰ উপাদান বা মাধ্যম ৰূপেহে ব্যৱহাৰ কৰিব বিচাৰিছিল আৰু এইক্ষেত্ৰত বহুলাংশে সফলো হৈছিল।

চিত্ৰকলাৰ ক্ষেত্ৰত শংকৰদেৱে অভিনৱ কল্পনাশক্তি প্ৰয়োগ কৰি দেখুৱাইছিল। তেওঁ চিত্ৰকলাক অন্য দৃশ্য-শ্ৰব্য মাধ্যমৰ সৈতে মিলাই কলা-সমূহৰ অবিচ্ছিন্নতা সাব্যস্ত কৰিবলৈ সক্ষম হৈছিল। 'চিহ্নযাত্ৰা' এই ক্ষেত্ৰত শংকৰদেৱৰ Magnum Opus। পটত চিত্ৰ আঁকি কৃষ্ণ মহিমা প্ৰচাৰৰ ব্যৱস্থা কৰি নৃত্য-গীত অভিনয়ৰ সৈতে পটকথাত অংকিত চিত্ৰক মিলাই এক অভিনৱ আৰু অসাধাৰণ নাট্য-নিবেদনৰ পৰম্পৰা এই বিশ্বত শংকৰদেৱে প্ৰৱৰ্তন কৰিলে। চিত্ৰৰ ক্ষেত্ৰত শংকৰদেৱে অসমৰ পৰম্পৰাগত হস্ততাঁত শিল্পকো ব্যৱহাৰ কৰি অন্য এক অভাৱনীয় চমকৰ সৃষ্টি কৰিছিল। গণককুছিৰ তাঁতীসকলৰ সহযোগত কাপোৰত ফুল বছা পদ্ধতি প্ৰয়োগ কৰি শংকৰদেৱে সমগ্ৰ বৃন্দাবনৰ দৃশ্যসহ কৃষ্ণলীলা বৈ উলিয়াইছিল। 'বৃন্দাৱনী বস্ত্ৰ' নামেৰে প্ৰখ্যাত হোৱা এই চিত্ৰখনিয়ে শংকৰদেৱৰ সৃষ্টিশীলতাৰ নতুন দুৱাৰ এখন উন্মোচন কৰে। এই চিত্ৰ অঁকা পদ্ধতি বিশ্বত তেওঁৰ বাহিৰে আন কোনো সমসাময়িক শিল্পীয়ে ব্যৱহাৰ কৰাৰ প্ৰমাণ নাই।

শংকৰদেৱৰ বিশ্বৰ নাট্য-দৰবাৰলৈ মহত্তম অৱদান হ'ল, পূৰ্ণাঙ্গ মঞ্চনাট নিবেদনৰ এক সুদৃঢ় শৈলী স্থাপন আৰু প্ৰতিপালন। অংকীয়া নাটসমূহ লিখি উলিওৱাতে ক্ষান্ত নহৈ শংকৰদেৱে সিবোৰৰ মঞ্চস্থকৰণতো সক্ৰিয় ভূমিকা গ্ৰহণ কৰিছিল। নিজে নাট পৰিচালনা কৰি, গীত গাই, বচন মাতি, সূত্ৰ ধৰি, নৃত্য কৰি, ভাও লৈ শংকৰদেৱে অন্যান্য ভকতৰ সহযোগত পূৰ্ণাঙ্গ নাটবোৰ মঞ্চস্থ কৰি বিশ্বৰ নাট্য-বুৰঞ্জীত বিৰল কীৰ্তি স্থাপন কৰি থৈ গৈছে। বিশ্ব নাট্যমঞ্চৰ প্ৰকৃত পিতামহ বুলি স্বীকৃতি পাবৰ যোগ্য আছিল শ্ৰীমন্ত শংকৰদেৱ। তেওঁৰ একোখন মঞ্চস্থ নাটতে সকলো শিল্পৰ অপৰূপ সমন্বয় ঘটিছিল। কলাৰ উৎকৰ্ষ সাধনৰ লগে লগে তেওঁ সাধাৰণ দৰ্শকৰ প্ৰয়োজন সমূহলৈয়ো মন-কাণ দিবলৈ পাহৰা নাছিল। শিল্পৰ চৰম শিখৰত চলা কাম-কাজ বা ইঙ্গিতময়তা বহু সময়ত সাধাৰণ দৰ্শকৰ বোধৰ বাহিৰলৈ গুছি যায়। উচ্চশিক্ষিত শিল্পানুৰাগী চমজদাৰ দৰ্শকৰ বাবে ই সমস্যা নহ'ব পাৰে। কিন্তু নিৰক্ষৰ হোজা কৃষিজীৱী দৰ্শকক ই বিৰক্ত কৰি তোলাৰ লগতে অবোধ্য কলাৰ প্ৰতি বীতশ্ৰদ্ধ কৰি তুলিব বুলি শংকৰদেৱে অনুভৱ কৰিছিল। সেয়েহে তেওঁ অংকীয়া নাটত 'সূত্ৰধাৰ'ৰ এক অভিনৱ চৰিত্ৰ সৃষ্টি কৰিছিল। সূত্ৰধাৰে নাটকৰ ধাৰাবাহিকতা ৰক্ষা কৰাৰ লগতে অতি প্ৰাঞ্জল ভাষাত কাহিনীক্ৰম দৰ্শকৰ আগত বৰ্ণাই যায়। সূত্ৰধাৰৰ সৃষ্টি শংকৰদেৱৰ সৃষ্টিশীলতাত অন্য এক বিস্ময়কৰ সংযোজন। আজিৰ আধুনিক দৃশ্য-শ্ৰব্যৰ অনুষ্ঠানসমূহতো সূত্ৰধাৰক উপস্থাপন কৰাৰ গুৰুত্ব সকলো প্ৰযোজকে পৰিচালকে মানি লৈ পাঁচশ বছৰ পূৰ্বে শংকৰদেৱে দাঙি ধৰা পদ্ধতিটোকে পৰোক্ষভাৱে সন্মান জনাইছে বুলি ভাবিব পাৰি।

দৃশ্য-শ্ৰব্য মাধ্যমক সাৰথি কৰি শংকৰদেৱে অসমত এনে এক সাংস্কৃতিক নৱজাগৰণৰ সৃষ্টি কৰি থৈ গ'ল, যাৰ আজিও ওৰ পৰা নাই। তেওঁ দি যোৱা আদৰ্শ, নৈতিক বিচাৰ, দাৰ্শনিক তত্ব, সামাজিক দৃষ্টিভঙ্গী আদি সকলোৰে মাজেৰে এই বহুমুখী শিল্পীজনাৰ শিল্পসন্মত জীৱনবোধেই ফুটি ওলায়। শিল্পী হিচাপে শংকৰদেৱৰ গুৰুত্ব আৰু প্ৰাসঙ্গিকতাই তেওঁক শ্বেক্সপিয়েৰ, মাইকেলেঞ্জেলো, লিঅ'নাৰ্ডো দ্য ভিন্সি প্ৰভৃতিৰ শাৰীত পেলায়। গভীৰ সামাজিক দায়বদ্ধতা আৰু বৈজ্ঞানিক দৃষ্টিভঙ্গীয়ে তেওঁক এৰিষ্টোটল, কাৰ্লমাৰ্ক্স, মহাত্মা গান্ধী, প্লেটো, হোমাৰ প্ৰভৃতিৰ সমগোত্ৰীয় কৰি তোলে।

সেই পৰিপ্ৰেক্ষিতত শংকৰদেৱক পুনৰ বিচাৰ কৰি একবিংশ শতিকাৰ উপযোগী সাজেৰে তুলি ধৰাৰ বাবে এক আন্তৰিক সমূহীয়া প্ৰচেষ্টাৰ প্ৰয়োজন হৈছে।

(শ্ৰীমন্ত শংকৰদেৱ কলাক্ষেত্ৰ, উদ্বোধনী উৎসৱত ভাৰতৰ ৰাষ্ট্ৰপতি কে আৰ নাৰায়ণনৰ দ্বাৰা উন্মোচিত স্মাৰক-গ্ৰন্থ, ১৯৯৮)

ডঃ বীৰেন্দ্ৰ কুমাৰ ভট্টাচাৰ্য্যই আৱিষ্কাৰ কৰা 'ৰামধেনু যুগ'ৰ বিশিষ্ট সাহিত্যিক তথা অসমৰ পথপ্ৰদৰ্শক অৰ্থনীতিবিদ অধ্যক্ষ ভৱানন্দ ডেকাৰ হাতত ধৰি শৈশৱৰ আদিপাঠ লোৱা অৱস্থাত নতুন দিল্লীত অৰ্ণৱ জান ডেকা

গণতান্ত্রিক আৰু সমাজবাদী আৰ্হিৰ প্ৰৱৰ্তক শ্ৰীমন্ত শঙ্কৰদেৱ

এজন ভৱিষ্যতদৰ্শী সমাজ-সংস্কাৰক, প্ৰথম শ্ৰেণীৰ সৃষ্টিশীল শিল্পী আৰু প্ৰকৃত অৰ্থৰ দাৰ্শনিক আছিল মহাপুৰুষ শ্ৰীমন্ত শংকৰদেৱ। প্ৰচাৰৰ জোৰে বহু তেনে শিল্পী, সমাজ-সংস্কাৰক আৰু দাৰ্শনিকৰ খ্যাতি বিশ্বব্যাপী বিয়পাই দিছে। শ্ৰীমন্ত শংকৰদেৱৰ ক্ষেত্ৰত তেনে উদ্যম সংঘৱদ্ধ নোহোৱাত প্ৰচাৰৰ কাৰ্যসূচী নিষ্প্ৰাণ আৰু প্ৰভাৱহীন হৈ ৰ'ল। এই অখ্যাতি আৰু অনাদৰে অৱশ্যে স্বাভাৱিকতে এই যুগনায়ক গৰাকীৰ গৰিমা বা প্ৰতিভা হ্ৰাস কৰিব নোৱাৰে। তেওঁৰ সূদুৰপ্ৰসাৰী দৃষ্টি, দৰ্শন আৰু তেওঁৰ সৃষ্ট কলাসমূহৰ ধ্ৰুপদী গাম্ভীৰ্যই কালৰ সাময়িকতাৰ বন্দীত্বৰ পৰা অব্যাহতি পাই কাল-নিৰপেক্ষ সাৰ্বজনীন ৰূপ পৰিগ্ৰহণ কৰিছে। এই দিশটোলৈ লক্ষ্য ৰাখি শ্ৰীমন্ত শংকৰদেৱক নতুনকৈ নিৰ্মোহভাৱে অৱলোকন কৰিবৰ প্ৰয়োজন হৈছে।

অন্য দাৰ্শনিক শিল্পীৰ ক্ষেত্ৰত নথকা সমস্যা এটা শ্ৰীমন্ত শংকৰদেৱৰ ক্ষেত্ৰত আছে। ই প্ৰায়ে অথন্তৰৰ সৃষ্টি কৰে। শ্ৰীমন্ত শংকৰদেৱ এজন গভীৰ সামাজিক দায়ৱদ্ধতা থকা ব্যক্তি আছিল। তেওঁ সমসাময়িক সমাজখনৰপৰা মানসিকভাৱে বিচ্ছিন্ন হৈ থাকি সৃষ্টিশীল কৰ্মত নিমজ্জিত হৈ থাকিব পাৰিলেহেঁতেন। তাকে নকৰি তেওঁ অসমৰ সৰ্বসাধাৰণ মানুহৰ সুখ-দুখ, ইচ্ছা-আকাংক্ষাৰ সৈতে নিজক একাত্ম কৰি ল'লে। সেয়েহে তেওঁৰ বাবে কলা-সাধনা হৈ পৰিল মানুহৰ মানসিক উৎকৰ্ষৰ সাধনা। সমাজৰ স্বাৰ্থত কলাবস্তু গঢ়াটো শংকৰদেৱৰ জীৱনৰ একমাত্ৰ উপজীৱ্য আৰু লক্ষ্য হৈ পৰিল। এই লক্ষ্য লৈ আগবাঢ়োতে মানুহক আকৰ্ষিত কৰা পদ্ধতি এটা বা মাধ্যম এটা নিৰ্দ্ধাৰণ কৰাটো জৰুৰী হৈ পৰিছিল।

শংকৰদেৱে দেখিছিল যে অসমৰ সৰ্বসাধাৰণ ৰাইজ অতি ঈশ্বৰ-বিশ্বাসী আৰু ধৰ্মভীৰু। ধৰ্মৰ নামতে নানা অন্ধ বিশ্বাস আৰু কু-সংস্কাৰৰ গৰাহত পৰা অসমৰ বিভিন্ন জাতি-উপজাতিক উলিয়াই আনি একেখন ঐক্যমঞ্চত গোট খুৱাই লৈ আধুনিক মন একোটা গঢ়ি অসমত কলা-সংস্কৃতি-সাহিত্যৰ নৱন্যাস যুগ এটা গঢ়াৰ বাবে শংকৰদেৱে সপোন দেখিছিল। তেওঁ পৰ্যবেক্ষণ কৰি দেখিছিল যে মানুহৰ মনত নতুন জ্ঞান আৰু দৃষ্টিভংগীৰ সূচনা কৰিব লাগিলে অলৌকিক আৰু ধৰ্মীয় দিশটোক আওকাণ কৰিব পৰাৰ উপায় তেতিয়াৰ মধ্যযুগীয়া অসমত নাছিল।

সেয়েহে, চিন্তা-জগতত নতুন বিপ্লৱ এটা অনাৰ বাবে শ্ৰীমন্ত শংকৰদেৱে গ্ৰহণ কৰা মাধ্যমটো হ'ল ধৰ্ম। তেওঁ সমকালীন ভাৰতবৰ্ষৰ বিভিন্ন অঞ্চল পৰিভ্ৰমণ কৰি বিভিন্ন অঞ্চলত প্ৰচলিত ধৰ্মীয় বিচাৰ আৰু মতবাদসমূহ চালি-জাৰি চাই অসমৰ বিভিন্ন ধৰ্ম-সম্প্ৰদায়-জাতি-উপজাতিৰ বাবে গ্ৰহণযোগ্য হোৱাকৈ এক উদাৰ মানৱতাবাদী গণতান্ত্ৰিক আৰু সমাজবাদী চৰিত্ৰ প্ৰকাশ পোৱা ধৰ্ম প্ৰৱৰ্তন কৰিলে। এই ধৰ্মকে কোৱা হ'ল, এক শৰণ নাম ধৰ্ম।

এনেদৰে ধৰ্মীয় গণ্ডীৰ পৰাই শংকৰদেৱে তেওঁৰ দৰ্শন আৰু মতবাদ মধ্যযুগৰ অসমত প্ৰচাৰ কৰি গ'ল। তেওঁৰ সৃষ্টিশীলতাও এই পৰিপ্ৰেক্ষিততে পূৰ্ণভাৱে বিকশিত হ'ল। ধৰ্মকে আধাৰ ৰূপে লৈ কৃষ্ণ বন্দনাৰে তেওঁ কবিতা ৰচিলে, গীত লিখিলে, নাট মেলিলে, নৃত্য কৰিলে, চিত্ৰ আঁকিলে, ভাস্কৰ্য গঢ়িলে আৰু বাগ্মিতাৰে শ্ৰোতাৰ মন মুহিলে। এনেদৰে সংস্কৃতিৰ সকলো ক্ষেত্ৰতে তেওঁ প্ৰভাৱ বিস্তাৰ কৰিলে।

এইবোৰৰ মাজে মাজে শংকৰদেৱে বিশ্বৰ সমাজ ব্যৱস্থাত আলোড়ন তুলিব পৰাকৈ কিছু পদ্ধতিৰো প্ৰৱৰ্তন কৰিলে। তেওঁৰ দাৰ্শনিক মতবাদতো সকলো ধৰ্মাৱলম্বী লোকক আকৰ্ষণ কৰিব পৰাকৈ সমল আছিল।

এনেবোৰ বিশেষত্বই শংকৰদেৱক এনে জনপ্ৰিয়তা আনি দিলে যে সকলো শ্ৰেণীৰ লোকেই শংকৰদেৱৰ ভক্ত হৈ পৰিল। শংকৰী বুলি পৰিচয় দিবৰ বাবে বিশেষ বৌদ্ধিক যোগ্যতা বা অৰ্হতাৰ প্ৰয়োজন নাথাকিল। এই অনাখৰী, অশিক্ষিত লোকসকলে শংকৰদেৱৰ ওপৰত দেৱত্ব আৰোপ কৰিলে। তেওঁক নানা কিংবদন্তি আৰু উপকথাৰ নায়ক কৰি পেলোৱা হ'ল। লাহে লাহে মানুহ

শংকৰজন তল পৰি গ'ল আৰু অসমৰ চৌদিশে 'মহাপুৰুষ' আৰু 'ঈশ্বৰৰ অৱতাৰ' শংকৰদেৱজন নিগাজীকৈ প্ৰতিষ্ঠা হৈ গ'ল। এনেদৰেই 'শিল্পী-দাৰ্শনিক' শংকৰদেৱজনৰ প্ৰতিভা নিস্প্ৰভ কৰি 'ধৰ্মগুৰু' শংকৰদেৱে জনমানসত অধিক গুৰুত্ব লাভ কৰিলে।

সংস্কৃতিয়ে বন্ধা বহুতো সাকোঁ ধৰ্মীয় কঠোৰতাই ভাঙি আহিছে। ইতিহাস এই পৰিঘটনাৰ সাক্ষী। যি শংকৰদেৱে ভাষা-ধৰ্ম-বৰ্ণ-সম্প্ৰদায় নিৰ্বিশেষে অসমীয়া জাতিটোক একে সাংস্কৃতিক চেতনাৰ ডোলেৰে বান্ধি ঐক্যবদ্ধ বৰ অসম গঢ় দিবলৈ বিচাৰিছিল, সেই শংকৰদেৱৰ নামকে ব্যৱহাৰ কৰি তেওঁৰ একাংশ অনুৰাগী আৰু ধৰ্মীয় ভাষ্যকাৰ বুলি দাবী কৰা লোকে বিভিন্ন গোড়া ধৰ্মীয় নীতি-নিয়ম প্ৰৱৰ্তন কৰিলে। শুচিবায়ুগ্ৰস্ততাৰ অজুহাত দেখুৱাই বহু নামঘৰ, মণিকূট আৰু আনকি সত্ৰ চৌহদতে মহিলা আৰু অহিন্দু শংকৰ-অনুৰাগী পুৰুষৰ প্ৰৱেশ নিষিদ্ধ কৰা হ'ল। এনেবোৰ শংকৰদেৱৰ আদৰ্শ-বিৰোধী কাৰ্যই বহু লোকক শংকৰদেৱৰ কাষৰ পৰা আঁতৰাই নিলে। শংকৰদেৱে গঢ়িব খোজা সংস্কৃতিকভাৱে ঐক্যবদ্ধ অসমখনৰ স্বপ্ন সম্পূৰ্ণ সাৰ্থক নহ'ল। অসমৰ জন-জীৱনৰ সকলো স্তৰতে শংকৰদেৱৰ প্ৰভাৱ বিয়পি আছে, অথচ এইখন 'সহনশীলতা, ভাতৃত্ববোধ, গণতান্ত্ৰিক ভাৱাদৰ্শলৈ শ্ৰদ্ধাঞ্জলি জ্ঞাপন কৰা শংকৰদেৱৰ অসম' বুলি আজি সাহসেৰে দাবী কৰিব পৰা পৰিস্থিতি এটা অস্তমিত হ'বলৈ ধৰিছে।

মহাপুৰুষ শ্ৰীমন্ত শংকৰদেৱৰ ৫৫০ তম জন্মবৰ্ষত এই কথাবোৰ গভীৰভাৱে মূল্যায়ন কৰিব লগা হৈছে। সাংস্কৃতিক গুৰু হিচাপে শংকৰদেৱক অসমৰ জনসমাজৰ সকলো অংশৰ মাজতে জনপ্ৰিয় আৰু গ্ৰহণীয় কৰি তুলিব পৰাটো আজিৰ শংকৰ-অনুৰাগীৰ সফলতা বুলি চিহ্নিত হ'ব। তাৰ বাবে পোনতে ধৰ্মীয় আনুষ্ঠানিক বাধ্য-বাধকতাৰ মাজৰ পৰা 'শংকৰদেৱ'জনাক উদ্ধাৰ কৰি আনিব লাগিব। শংকৰদেৱক অৱতাৰী পুৰুষ বা ঈশ্বৰৰ অংশ বুলি প্ৰতিষ্ঠা কৰিবৰো প্ৰয়োজন নাই। এজন বহল হৃদয়ৰ ভদ্ৰলোক, মানৱতাবাদী শিল্পী আৰু চিন্তাবিদ ৰূপে যদি শংকৰদেৱক দাঙি ধৰা হয়, আমাৰ দৃঢ় বিশ্বাস যে সমগ্ৰ বিশ্বই এই বহল মনৰ অসমীয়াজনক এগৰাকী ক্ষণজন্মা মনীষী বুলি স্বীকৃতি দিব।

শংকৰদেৱক বিশ্বত প্ৰতিষ্ঠা কৰিবৰ বাবে তেওঁৰ ব্যক্তিত্বৰ দুটা দিশ দাঙি ধৰিলেই সমাজবিজ্ঞানী আৰু ইতিহাসবিদসকলৰ সমুখত তেওঁৰ বৈশিষ্ট্য সমূহ স্বমহিমাৰে উদ্ভাসিত হৈ উঠিব বুলি ঠাৱৰ কৰিব পাৰি। মধ্যযুগত অসমৰ দৰে এখন অনগ্ৰসৰ প্ৰদেশত বাস কৰি শংকৰদেৱে দুটা অতি প্ৰভাৱশালী, সাহসী আৰু সমাজ-বিজ্ঞানৰ দৃষ্টিৰে তাৎপৰ্যপূৰ্ণ পদক্ষেপ সক্ৰিয়ভাৱে হাতত লৈছিল। তেওঁ নিজৰ প্ৰৱৰ্তিত ধৰ্মৰ মাজেৰেও সেই দৃষ্টিভংগীকে প্ৰতিফলিত কৰিবলৈ যত্নপৰ হৈছিল। দুৰ্ভাগ্যজনক কথাটো হ'ল, ধৰ্মীয় মতবাদৰ আলম লৈ সেই আদৰ্শ প্ৰচাৰ কৰিবলৈ যোৱা বাবে শংকৰদেৱৰ বৈপ্লৱিক চিন্তাধাৰা সৰ্বসাধাৰণ, যুক্তিবাদী আৰু ধৰ্মীয় কাম-কাজৰ প্ৰতি অনাগ্ৰহী লোকৰ মাজত উপযুক্তভাৱে প্ৰচাৰিত, চৰ্চিত আৰু সমাদৃত নহ'ল। সেইখিনিয়েই এই অসাধাৰণ মনীষীজনাৰ ব্যৰ্থতা বা দুৰ্ভাগ্য। এজন দাৰ্শনিক পণ্ডিত আৰু সমাজবিজ্ঞানী হিচাপে শংকৰদেৱৰ পৰিচয় আগবঢ়াব পৰা হ'লে আজি বিশ্বত সমাজবিজ্ঞান বিষয়ত শংকৰদেৱৰ নীতিসমূহো প্ৰাসঙ্গিক হৈ পৰিলহেঁতেন আৰু সমাজবিজ্ঞানৰ আগ্ৰহী গৱেষক আৰু বিদাৰ্থীৰ বাবে শংকৰদেৱৰ তত্ত্বই অত্যাৱশ্যকীয় চৰ্চাৰ বিষয়ৰূপে স্বীকৃতি পালেহেঁতেন।

শংকৰদেৱে আগবঢ়োৱা তত্ত্ব দুটা হ'ল, সমাজবাদ আৰু গণতন্ত্ৰ। আধ্যাত্মিক ক্ষেত্ৰত কোনো শ্ৰেণী-বিভাজন বা বৰ্ণ-বৈষম্য থাকিব নোৱাৰে বুলি শংকৰদেৱে দৃঢ়ভাৱে বিশ্বাস কৰিছিল। উপাসনাস্থলীত প্ৰৱেশৰ অধিকাৰ সকলোৰে বাবে মুকলি ৰখা কথাটোত শংকৰদেৱে গুৰুত্ব আৰোপ কৰিছিল। আনকি ইছলাম সম্প্ৰদায়ৰ লোকৰ বাবেও তেওঁ দুৱাৰ মুকলি ৰাখিছিল। হিন্দু ধৰ্মত থকা বৰ্ণ সচেতনতা আৰু জাতিভেদ প্ৰথাৰ তীব্ৰ বিৰোধী আছিল শংকৰদেৱ। তেওঁৰ মতে মানুহৰ মাজত উচ্চ-নীচ বুলি কোনো ভেদ ব্যৱস্থা থাকিব নোৱাৰে। তেওঁ এই সাম্যবাদী তত্ত্বৰ ভিতৰলৈ আনকি জীৱ-জন্তুকো লৈ আহিছিল। মানুহৰ পৰা আৰম্ভ কৰি পশু-পক্ষীলৈকে সকলো একে ঈশ্বৰৰ সৃজন আৰু সেয়েহে সকলোৰে অন্তৰত একে পৰমাত্মাই বিৰাজ কৰে বুলি শংকৰদেৱে গণ্য কৰিছিল। সমাজবাদী তত্ত্বৰ এনে বহল ব্যাখ্যা পিছৰ কালৰ সাম্যবাদী ভাষ্যকাৰ সকলেও আগবঢ়াব পৰা নাই।

অস্পৃশ্যতা নিবাৰণত শংকৰদেৱে বিশেষভাৱে গুৰুত্ব দিছিল। নাৰী-পুৰুষৰ

সম-অধিকাৰৰ নীতি প্ৰৱৰ্তন কৰি শংকৰদেৱে বিশ্বৰ প্ৰথমগৰাকী 'নাৰীবাদী' বা 'ফেমিনিষ্ট'ৰূপে আত্মপ্ৰকাশ কৰিছিল। নামঘৰ পৰিচালনা, কীৰ্ত্তনঘৰ, মণিকূট আদিৰ ব্যৱস্থাপনা আদিত নাৰীক জড়িত কৰাত তেওঁ গুৰুত্ব দিছিল। নাৰীয়ে প্ৰৱেশৰ অধিকাৰ নোপোৱা কীৰ্ত্তনঘৰত হৰি-ভকতি নিসিজে বুলি শংকৰদেৱে লিখি থৈ গৈছে। জাতি বিচাৰ কৰিলেও ঈশ্বৰ বিৰোধিতা কৰা হয় বুলি তেওঁ অতি স্পষ্টভাৱে উল্লেখ কৰিছে। জনজাতীয় লোক আৰু আনকি ইছলাম ধৰ্মীৰ পৰাও সমল আনি শংকৰদেৱে নিজৰ ধৰ্ম আৰু কলাসমূহত মিলাই লৈছে। ইছলামপন্থী শংকৰ অনুৰাগীসকলে আঙুলিয়াই দিয়ে যে শংকৰদেৱ আৰু হজৰৎ মহম্মদৰ একেশ্বৰবাদৰ মাজত বিশেষ তফাৎ নাই। উভয়ে এক পৰম শক্তিক অবিচ্ছিন্ন ৰূপত আৰাধনা কৰাত গুৰুত্ব দিছিল।

এনেদৰে ধৰ্মীয় গণ্ডীৰ ভিতৰত থাকিও শংকৰদেৱে তাহানিৰ কু-সংস্কাৰাচ্ছন্ন অসমত সমাজবাদ, নাৰীৰ অধিকাৰ, অস্পৃশ্যতা নিবাৰণ, ধৰ্মীয় সহনশীলতা আদিৰ হকে সুদৃঢ় আৰু সুস্পষ্ট নীতি গ্ৰহণ কৰি নিজৰ উদ্দীষ্ট লক্ষ্য অভিমুখে আগবাঢ়িছিল। ই একপ্ৰকাৰৰ বিপ্লৱেই আছিল। সেই বিপ্লৱ হ'ল বৈজ্ঞানিক সমাজবাদৰ আধাৰত গঢ়া বিপ্লৱ। কিন্তু বিশুদ্ধ সংস্কৃতি চৰ্চা আৰু সমাজ-সংস্কাৰৰ সলনি পৰিস্থিতিৰ দাবীত শংকৰদেৱে ধৰ্মক আগস্থান দিবলগীয়া হোৱাত সেই বিপ্লৱৰ সম্ভাৱনীয়তাই পূৰ্ণৰূপত বিকশিত হৈ সমাজত আমূল পৰিৱৰ্তনৰ জোৱাৰ আনিব নোৱাৰিলে। তথাপি অসমত বৰ্ণবিদ্বেষ, অস্পৃশ্যতা, নাৰীৰ সম-মৰ্যাদাহীন অৱস্থা আদি ভাৰতবৰ্ষৰ অন্যান্য অঞ্চলৰ তুলনাত অতি কম। ই যে শংকৰদেৱৰ নীতি আৰু আদৰ্শৰ প্ৰভাৱতে সম্ভৱ হৈছিল, সেই কথা অস্পৃশ্যতা নিবাৰণৰ উপদেশ দিবলৈ অসমলৈ আহি মহাত্মা গান্ধীয়েও স্বীকাৰ কৰিবলৈ বাধ্য হৈছিল।

বিশ্বাৰ মানৱ সমাজলৈ শংকৰদেৱৰ এক মহত্তম দান হ'ল— গণতান্ত্রিক আদৰ্শৰ প্ৰৱৰ্তন। ৰাইজৰ শাসন আৰু শাসন-প্ৰক্ৰিয়া পৰিচালনাত সাধাৰণ ৰাইজৰ ভূমিকা সম্পৰ্কত শংকৰদেৱে কিছুমান হৃদয়স্পৰ্শী পৰম্পৰা গঢ় দি গৈছে। সেই সময়ৰ সামাজিক পটভূমিত অৱস্থাৰ দায়ত পৰি শংকৰদেৱে ৰাজ অনুগ্ৰহো বহু সময়ত ল'বলগীয়া হৈছিল। কিন্তু তাৰ মাজতো তেওঁ সত্ৰসমূহক স্বতন্ত্ৰীয়া অনুষ্ঠানৰূপে গণতান্ত্রিক পদ্ধতিত গঢ় দি গৈছিল। সত্ৰসমূহৰ পৰিচয়

ৰাজনৈতিক নহৈ ধৰ্মীয় অনুষ্ঠানৰূপে শংকৰদেৱে দাঙি ধৰা বাবে তদানীন্তন শাসকসকলে শংকৰদেৱক ৰাজনৈতিক প্ৰতিদ্বন্দ্বী বুলি গণ্য কৰিবলগীয়া নহৈছিল। সেই কূটনীতিত সিদ্ধহস্ততা প্ৰদৰ্শন কৰাৰ পাছত শংকৰদেৱে সত্ৰসমূহৰ অন্তৰ্ভাগত এক স্বতন্ত্ৰ শাসন-ব্যৱস্থা প্ৰৱৰ্তনত অসুবিধাৰ সন্মুখীন হ'ব লগীয়া হোৱা নাছিল।

শংকৰদেৱ যে গণতন্ত্ৰত গভীৰভাৱে বিশ্বাসী আছিল, কথাই-কামে তাৰ প্ৰমাণ তেওঁ দাঙি ধৰি গৈছে। সত্ৰসমূহৰ সত্ৰাধিকাৰকে ধৰি মুখ্য পদাধিকাৰীসকলক ৰাইজৰ মাজৰ পৰা প্ৰত্যক্ষ ভোটদানেৰে নিৰ্বাচিত কৰাৰ এক সুস্থ গণতান্ত্ৰিক প্ৰক্ৰিয়া তেওঁ প্ৰৱৰ্তন কৰিছিল। পঞ্চদশ শতিকাৰ পৃথিৱীত এইটো ভাবিব নোৱাৰা কথা আছিল। পুত্ৰ-পৌত্ৰাদিক্ৰমে শাসনৰ একচেতীয়া অধিকাৰ নিৰ্দিষ্ট একোটা পৰিয়ালে লাভ কৰাৰ পৰম্পৰাটোক শংকৰদেৱে মনে-প্ৰাণে ঘৃণা কৰিছিল। সেয়েহে, নিজে সুযোগ পোৱা মাত্ৰকে সেই ব্যৱস্থাটো তেওঁ ওফৰাই পেলাইছিল। সত্ৰসমূহৰ সত্ৰাধিকাৰ গণতান্ত্ৰিকভাৱে নিৰ্বাচন কৰিয়েই তেওঁ ক্ষান্ত থকা নাছিল। নিজৰ পৰলোক গমনৰ পূৰ্বে তেওঁ নিজ পুত্ৰৰ সলনি শ্ৰীমাধৱদেৱকহে নিজৰ ধৰ্মীয় উত্তৰাধিকাৰী পাতি থৈ যায়। পৰিয়ালতন্ত্ৰৰ বিৰোধিতা কৰি গণতন্ত্ৰ প্ৰতিষ্ঠাৰ বাবে শংকৰদেৱে কৰা এই ত্যাগৰ তুলনা বৰ কম পোৱা যাব।

গণতন্ত্ৰৰ প্ৰতি শংকৰদেৱৰ শ্ৰদ্ধাৰ অন্য এক নিদৰ্শনো আছে। ৰজা নৰনাৰায়ণৰ সৈতে শংকৰদেৱৰ অতি সদ্ভাৱ আছিল আৰু ৰাজসভালৈ বুলি শংকৰদেৱ প্ৰায়ে আমন্ত্ৰিত হৈছিল। আহোম ৰাজ্যৰ পৰা পলায়ন কৰিবলগীয়া হোৱাত কোচ ৰজা নৰনাৰায়ণৰ পৃষ্ঠপোষকতাত শংকৰদেৱে আকৌ গা টঙাবলৈ পাইছিল। তৎসত্ত্বেও, শংকৰদেৱে ৰজাক পোনপটীয়াকৈ নিজৰ ধৰ্মীয় ব্যৱস্থাত মূৰ গুজিবলৈ দিবলৈ বিচৰা নাছিল। ৰজা নৰনাৰায়ণে বাৰম্বাৰ অনুৰোধ জনোৱা সত্ত্বেও শংকৰদেৱে তেওঁক নিজ ধৰ্মত শৰণ নিদিলে। তেওঁ ৰজাক বুজাইছিল যে প্ৰজাৰ ধৰ্মই ৰজাৰ ধৰ্ম হ'ব লাগে। অৰ্থাৎ, ৰাইজে গণতান্ত্ৰিকভাৱে গ্ৰহণ কৰা সিদ্ধান্তকে শাসকে ৰাইজৰ প্ৰতিনিধি বুলি মানিব লাগে। তেওঁ ভাবিছিল যে ৰজাই নিজে বিশেষ এটা ধৰ্ম গ্ৰহণ কৰিলে ৰজাৰ প্ৰতি শ্ৰদ্ধা বা ভয়ত প্ৰজায়ো সেই ধৰ্ম গ্ৰহণ কৰিব। ই স্বতঃস্ফূৰ্ত বা স্বপ্ৰণোদিত

নহৈ বলপূৰ্বক যেন হ'ব। শংকৰদেৱে নিজ আদৰ্শৰ অনুৰাগীসকল ৰাজকীয় অনুগ্ৰহত লাভ কৰা বুলি প্ৰমাণ হ'বলৈ দিব খোজা নাছিল। গণতন্ত্ৰৰ প্ৰতি গভীৰ শ্ৰদ্ধা অবিহনে ৰাজকীয় পোনপটীয়া পৃষ্ঠপোষকতাৰ এনে প্ৰলোভন ত্যাগ কৰাটো শংকৰদেৱৰ পক্ষে সম্ভৱ নহ'লহেঁতেন।

শংকৰদেৱৰ নীতি, স্থিতি, মতবাদ আৰু আদৰ্শ এই আলোকত বিচাৰ কৰি চাবৰ সময় হৈছে। এই দূৰদৰ্শী সমাজ-সংস্কাৰক আৰু আধুনিক সমাজৰ নিৰ্মাতাজনৰ প্ৰকৃত ৰূপটো সমাজত প্ৰতিষ্ঠা কৰা সবাৰে কৰ্তব্য। আজিৰ বৈজ্ঞানিক দৃষ্টিভঙ্গীৰে অধ্যয়নৰ চেষ্টা কৰিলে অনুভৱ কৰিব পাৰি, শংকৰদেৱ কিমানখিনি প্ৰগতিশীল, সংস্কাৰকামী আৰু সৃষ্টিশীল আছিল। তেওঁৰ প্ৰাসঙ্গিকতা একবিংশ শতিকালৈ কঢ়িয়াই নিব লাগিলে শংকৰ অনুৰাগীসকলে এই নীতিকে লৈ আগবঢ়াৰ বিনে বিকল্প পথ নাই বুলি আমাৰ দৃঢ় বিশ্বাস।

(দৈনিক অসম, ৩ অক্টোবৰ ১৯৯৮)

শংকৰী কলা আন্তৰ্জাতিক স্তৰত প্ৰচাৰ কৰাত গুৰুত্বপূৰ্ণ ভূমিকা পালন কৰা ফ্ৰান্সৰ নাদিন ডেলপেচৰ সৈতে গ্ৰন্থকাৰ অৰ্ণৱ জান ডেকা আৰু ফ্ৰান্সত সত্ৰীয়া নৃত্য প্ৰদৰ্শন কৰি অহা উত্তৰ কমলাবাৰী সত্ৰৰ ভকত গায়ন-বায়নসকল

জগত-সভালৈ শ্ৰীমন্ত শংকৰদেৱ

বিগত পাঁচটা শতিকা ধৰি অসমৰ সমাজ-জীৱনত মহাপুৰুষ শ্ৰীমন্ত শংকৰদেৱ আৰু তেওঁৰ অনুগামী মাধৱদেৱ, দামোদৰদেৱ, হৰিদেৱ, ভট্টদেৱ প্ৰমুখ্যে বিশিষ্ট প্ৰতিভাধৰ যুগদ্ৰষ্টাসকলে অসাধাৰণ প্ৰভাৱ বিস্তাৰ কৰি আছে। আৰ্য সভ্যতাৰ আদি কালৰে পৰা কামৰূপ-কামাখ্যা আৰু নৱগ্ৰহৰ জ্যোতিষ-চৰ্চাৰ বাবে প্ৰসিদ্ধ অসমত সৰ্বভাৰতীয় বৈষ্ণৱ আন্দোলনৰ সমসাময়িকভাৱে শ্ৰীমন্ত শংকৰদেৱৰ নেতৃত্বত সমাজ সংস্কাৰ আৰু সাংস্কৃতিক পুনৰ্জাগৰণৰ বাবে অসমত এক বৌদ্ধিক বিপ্লৱে জন্ম লাভ কৰিছিল। অস্পৃশ্যতা নিবাৰণ আৰু সমাজবাদ আছিল এই বিপ্লৱৰ মূল আদৰ্শ। ন্যায়াধীশ ডম্বৰুধৰ পাঠকে এই লেখকক ক'বৰ দৰে, শ্ৰীমন্ত শংকৰদেৱে গণতান্ত্ৰিক আদৰ্শৰো ভেটি সত্ৰ প্ৰতিষ্ঠাৰ মাজেৰে স্থাপন কৰিছিল। তদুপৰি, বিশ্বৰ নাট্য আন্দোলনৰ ইতিহাস সযত্নে অধ্যয়ন কৰিলে যিকোনো নিৰপেক্ষ পৰ্যবেক্ষকে এই সিদ্ধান্তত উপনীত হ'বলৈ অসুবিধা নাপাব যে মঞ্চ-নাটৰ পিতৃ বুলি স্বীকৃত উইলিয়াম শ্বেক্সপীয়েৰে শ্ৰীমন্ত শংকৰদেৱতকৈ এশ পোন্ধৰ বছৰ পিছতহে জন্মগ্ৰহণ কৰিছিল। সেই ফালৰ পৰা, শ্ৰীমন্ত শংকৰদেৱে মঞ্চস্থ কৰা নাটসমূহ শ্বেক্সপীয়েৰতকৈ অন্ততঃ এশ শতিকা পূৰ্বৰ বুলি নিৰ্ণয় কৰিবলৈ অসুবিধা নহয়। এই বিবেচনাৰে, শ্বেক্সপীয়েৰে যিহেতু 'বিশ্ব নাট্যমঞ্চৰ 'পিতৃ' বুলি স্বীকৃতি পালেই, শ্ৰীমন্ত শংকৰদেৱে 'বিশ্ব নাট্যমঞ্চৰ পিতামহ' বুলি স্বীকৃতি পোৱা উচিত।

এই দূৰদৰ্শী শিল্পী আৰু সমাজ-সংস্কাৰকজনৰ এক অসাধাৰণ বৈশিষ্ট্যই তেওঁক অন্যান্য সমগোত্ৰীয়সকলৰ পৰা নিলগাই চাবলৈ বাধ্য কৰে। যিকোনো ধৰ্মগুৰু বা সমাজ-সংস্কাৰকে নিজৰ নীতি-আদৰ্শবাদ প্ৰচাৰৰ অৰ্থে পোনপটীয়া ভাষণ বা বাণী সম্বলিত পুথিৰ অৱলম্বন লয়। শ্ৰীমন্ত শংকৰদেৱে একশৰণ নাম-ধৰ্ম প্ৰচাৰৰ মাজেৰে বিশিষ্ট অদ্বৈতবাদী ধাৰণাকে বহলাবলৈ প্ৰয়াস

কৰিছিল যদিও তেওঁৰ বৈশিষ্ট্য আছিল এয়ে যে অশিক্ষিত বা নিৰক্ষৰ-হোজা জনসাধাৰণণ মাজত প্ৰচাৰৰ বাবে দৃশ্য-শ্ৰব্য মাধ্যমৰ গুৰুত্ব তেওঁ উপলব্ধি কৰিছিল। নাট, গীত, নৃত্য, চিত্ৰকলা প্ৰভৃতিৰ মাজেৰে নিজৰ মতবাদ বিলাবলৈ তেওঁ প্ৰয়াস কৰিছিল। ইয়াৰ ফলতে অসমীয়া জাতিয়ে স্বকীয় শৈলীৰ ধ্ৰুপদী সংগীত, নৃত্য, নাট আৰু চিত্ৰকলাৰ অপৰম্পৰাগত ঐতিহ্য এটা লাভ কৰিলে। প্ৰাচীন লৌকিকতাৰ সৈতে সমন্বয় ৰাখি মহাপুৰুষজনাই এনেদৰেই অসমৰ সাহিত্য আৰু কৃষ্টিৰ ক্ষেত্ৰত এক ‘ৰেণেছাঁ’ বা নৱন্যাসৰ সূচনা কৰিছিল। এই সাংস্কৃতিক বিশিষ্টতাখিনিৰ বাবেই ধৰ্মীয় মতভেদ থকা সত্ত্বেও অসমৰ সকলো শ্ৰেণীৰ জনসাধাৰণে মহাপুৰুষ শ্ৰীমন্ত শংকৰদেৱক অসমীয়া জাতিৰ অবিসম্বাদী গুৰু বুলি মানি লয়। বিশিষ্ট সংগীতকাৰ তফজ্জুল আলি বৰগীতৰ স্বৰলিপি প্ৰস্তুতকৰণৰ সহযোগী হোৱাটো বা বিশিষ্ট নাট্য-ব্যক্তিত্ব আব্দুল মজিদে শ্ৰীমন্ত শংকৰদেৱৰ জীৱনভিত্তিক প্ৰথমখন পূৰ্ণাংগ নাট ভ্ৰাম্যমাণ থিয়েটাৰৰ যোগেদি মঞ্চস্থ কৰাৰ বাবে পৰিচালনাৰ দায়িত্ব গুৰুত্ব সহকাৰে গ্ৰহণ কৰাটো মহাপুৰুষজনাই গঢ়ি যোৱা উদাৰ পৰম্পৰাৰে প্ৰতিফলন বুলি স্বীকাৰ কৰিব লাগিব। আব্দুল মজিদে ‘আৰাধনা থিয়েটাৰ’ৰ মঞ্চত পৰিবেশন কৰা এই মঞ্চ-নাটৰ নাট্যকাৰ, বিশিষ্ট ঔপন্যাসিক-সাংবাদিক পদ্ম বৰকটকীৰ নামো এই প্ৰসংগতে উল্লিখিত হৈ ৰোৱা উচিত।

খেদৰ কথাটো হ’ল যে ইমানবোৰ স্বকীয় বৈশিষ্ট্য থকা সত্ত্বেও শ্ৰীমন্ত শংকৰদেৱ এজন ক্ষণজন্মা শিল্পী আৰু সমাজ সংস্কাৰক ৰূপে বিশ্বত পৰিচিত নহ’ল। বাহিৰৰ কথা নকওঁৱেই, স্বয়ং অসমতে এতিয়ালৈকে সকলো জনসমষ্টি আৰু সম্প্ৰদায়ৰ মাজত শ্ৰীমন্ত শংকৰদেৱক অবিসম্বাদী গুৰু বুলি প্ৰতিষ্ঠা কৰিব পৰা নহ’ল। আশংকা কৰা হৈছে যে শ্ৰীমন্ত শংকৰদেৱক ধৰ্মীয় পৰিসৰতে আৱদ্ধ কৰি ৰাখিবলৈ তেওঁৰ অত্যুৎসাহী ভক্তসকলে যত্ন কৰি থকালৈকে অন্য ধৰ্মীয় লোকসকলে তেওঁক বুজিবলৈ চেষ্টা কৰাৰ পৰা আঁতৰি থাকিব। মহাপুৰুষজনাই স্বয়ং ধৰ্মীয় মাতব্বৰিতা, জন্মসূত্ৰে লাভ কৰা উত্তৰাধিকাৰ, কুসংস্কাৰ আদিৰ বিৰোধিতা কৰি গৈছিল যদিও এছাম লোকে নিজকে অধিক ভক্তিপৰায়ণ বুলি সাব্যস্ত কৰিবলৈ গৈ অন্য বহু অনুৰাগীকে আঁতৰাই পেলাইছে। ই অতি ভয়ংকৰী প্ৰৱণতা। তদুপৰি, সত্ৰ একাংশত সত্ৰাধিকাৰৰ পদবী লৈ

গণতান্ত্রিকভাৱে নির্বাচনৰ বাবে স্বয়ং মহাপুৰুষজনাই দি যোৱা দিহাক উলংঘা কৰি কিছুমান সত্ৰত সত্ৰাধিকাৰৰ বংশধৰক উত্তৰাধিকাৰসূত্রে সত্ৰৰ ভোগ-দখল কৰাৰ অবাধ সুযোগ প্ৰদান কৰি গুৰুজনাক কলংকিত কৰা হৈছে। গুৰুজনাৰ আজ্ঞা উলংঘা কৰি বহু কীৰ্তন-ঘৰত অন্যধৰ্মী শংকৰ অনুৰাগীক, আনকি একে ধৰ্মৰে মহিলাক প্ৰৱেশৰ অধিকাৰৰ পৰা বঞ্চিত কৰি ৰখা হৈছে। সৰ্বধৰ্মৰ সমন্বয়ৰ বাবে আৰু নাৰীক সমমৰ্যাদা প্ৰদানৰ হকে আজীৱন প্ৰচেষ্টা চলাই যোৱা শ্ৰীমন্ত শংকৰদেৱৰ ভাৱমূৰ্ত্তি বিকৃতকৰণৰ বাবে তেওঁৰ ভক্ত বুলি দাবী কৰা এই মতলবী গোষ্ঠীটোৱে অহৰ্নিশে চলাই থকা কুকাৰ্যসমূহক বাধা দিবৰ বাবে কোনো সংঘবদ্ধ প্ৰচেষ্টা অসমত গা কৰি নুঠা বাবে মহাপুৰুষজনা অনাহকতে অপবাদৰ ভাগী হ'ব লগা হৈছে।

এই পৰ্যবেক্ষণসমূহৰ পৰা এটা কথা পৰিষ্কাৰ হৈ পৰে যে মহাপুৰুষ শ্ৰীমন্ত শংকৰদেৱক ধৰ্মীয় সংকীৰ্ণতাৰ গণ্ডীৰপৰা বাহিৰ কৰি লৈহে তেওঁৰ সাহিত্যিক আৰু সাংস্কৃতিক অৱদানসমূহৰ বিশ্বজোৰা প্ৰচাৰৰ ব্যৱস্থা কৰিব লাগে। এই ক্ষেত্ৰত কৰণীয় সম্বন্ধে ইতিমধ্যে চিন্তা-চৰ্চা কৰি থকা হৈছে। গাইগুটীয়া হৈ থকা এনে উদ্যমসমূহক একত্ৰিত কৰি সংঘবদ্ধ প্ৰচেষ্টা হাতত লোৱাৰ প্ৰাথমিক কাৰ্যসূচীয়ে ইতিমধ্যে সফলতাৰ মুখ দেখিছে। প্ৰাথমিক স্তৰত, আমাৰ মতে কেইখনমান দীৰ্ঘমাদী আঁচনিত গুৰুত্ব আৰোপ কৰিব লাগে।

(১) মহাপুৰুষ শ্ৰীমন্ত শংকৰদেৱ আৰু তেওঁৰ অনুগামী সন্ত-মহন্তসকলৰ সৃষ্ট সমগ্ৰ সাহিত্যৰ বিজ্ঞানসন্মত পদ্ধতিৰে পাঠ-সমীক্ষা হ'ব লাগে। এই সমীক্ষিত পাঠ গ্ৰন্থাকাৰে প্ৰকাশৰ ব্যৱস্থা ল'ব লাগে।

(২) বিশুদ্ধভাৱে সমীক্ষিত পাঠৰ ভিত্তিত সুযোগ্য লোকৰ দ্বাৰা সমগ্ৰ সাহিত্যৰাজী ইংৰাজী, ফৰাচী, জাৰ্মান, ইটালীয়ান, পৰ্টুগীজ, স্পেনিছ, ৰুছ আদি বিশ্বৰ প্ৰধান ভাষাৰ লগতে হিন্দী, বঙালী, পাঞ্জাৱী, ওৰিয়া, তামিল, কানাড়া, মালয়ালম, তেলেগু, মাৰাঠী প্ৰভৃতি ভাৰতীয় ভাষালৈ অনুবাদ কৰি বিশিষ্ট প্ৰকাশকৰ হতুৱাই প্ৰকাশ আৰু বিতৰণৰ ব্যৱস্থা হ'ব লাগে। বিদেশত থকা ভাৰতীয় দূতাবাস আৰু বিশ্বৰ প্ৰধান গ্ৰন্থাগাৰসমূহত এই পুথিসমূহ হাতে পোৱাকৈ থকাৰ ব্যৱস্থা কৰিব লাগে।

(৩) মহাপুৰুষজনাৰ সৃষ্ট বৰগীত, সত্ৰীয়া নৃত্য আৰু অংকীয়া নাটৰ ভিত্তিত কম্পিউটাৰত ব্যৱহাৰৰ উপযোগী CD-ROM, DVD প্ৰস্তুত কৰিব লাগে আৰু সমগ্ৰ বিশ্বতে কম্পিউটাৰ ব্যৱহাৰকাৰীয়ে পাব পৰাকৈ ইণ্টাৰনেটত ‘ৱেব-ছাইট’ সৃষ্টি কৰিব লাগে।

(৪) নাট-গীত-নৃত্যৰ আধাৰত টেলিভিছন আৰু ৰেডিঅ'ত প্ৰচাৰৰ উপযোগী শ্ৰব্য আৰু দৃশ্য কেছেট প্ৰস্তুত কৰিব লাগে আৰু এইবোৰ বজাৰতো বিক্ৰীৰ বাবে দিব লাগে।

(৫) বিশিষ্ট সংগীতকাৰৰ সহায়ত বৰগীতৰ বিশুদ্ধ স্বৰলিপি প্ৰস্তুত কৰি ছপা কৰি উলিয়াব লাগে আৰু তাৰ আধাৰত পৰিৱেশিত বৰগীতকহে স্বীকৃতি দিব লাগে।

(৬) বিশিষ্ট সত্ৰীয়া নৃত্য-শিল্পীসকলক এটা উদ্যোগ লৈ একগোট কৰিব লাগে আৰু তেওঁলোকৰ মাজত থকা মতপাৰ্থক্য দূৰ কৰি সত্ৰীয়া নৃত্যৰ মাথোঁ এটা শাস্ত্ৰসন্মত ৰূপৰ ক্ষেত্ৰত ঐক্যমতত উপনীত হোৱাত গুৰুত্ব আৰোপ কৰিব লাগে। এই ঐক্যমতৰ পিছত কেৱল সেই ৰূপতেহে পৰিৱেশিত নৃত্যক সত্ৰীয়া নৃত্য বুলি স্বীকৃতি দিয়াৰ ব্যৱস্থা হ'ব লাগে।

(৭) শ্ৰীমন্ত শংকৰদেৱে নিজে আঁকা বৃন্দাৱনী বস্ত্ৰৰ যিটো অংশ লণ্ডনৰ ব্ৰিটিছ সংগ্ৰহালয়ত সংগৃহীত হৈ আছে, তাৰ আধাৰত দক্ষ আৰু আগ্ৰহী শিল্পীৰ হতুৱাই নতুনকৈ বৃন্দাৱনী বস্ত্ৰ অকোঁৱাৰ ব্যৱস্থা কৰিব লাগে। লগতে শ্ৰীমন্ত শংকৰদেৱে ভাওনা পৰিবেশনত ব্যৱহাৰ কৰা মুখাসমূহো খোদাই কৰা ভাস্কৰ্যৰ কৰ্মশালা পাতিব লাগে।

(৮) মহাপুৰুষজনাৰ জীৱনৰ ভিত্তিত টেলিভিছনৰ চেনেলসমূহত প্ৰচাৰৰ উপযোগী হিন্দী ধাৰাবাহিক এখন নিৰ্মাণৰ বাবে শীঘ্ৰে উদ্যোগ আৰম্ভ কৰিব লাগে।

(৯) হ'লীউডৰ শীৰ্ষস্থানীয় ষ্টুডিঅ'ৰ সৈতে যোগাযোগ কৰি শ্ৰীমন্ত শংকৰদেৱৰ জীৱনৰ খলা-বমা ঘটনাৰাজীৰ আধাৰত আন্তঃৰাষ্ট্ৰীয় দৰ্শকৰ বোধগম্য হোৱাকৈ ইংৰাজী ভাষাত পূৰ্ণাংগ কাহিনীচিত্ৰ এখন নিৰ্মাণ কৰোৱাৰ হকে উদ্যোগ ল'ব লাগে।

(১০) শ্ৰীমন্ত শংকৰদেৱৰ আদৰ্শ প্ৰচাৰৰ বাবে বিগত দিনবোৰত গ্ৰন্থ ৰচনা কৰি, সংগীত সাধনা কৰি, নাট ৰচনা আৰু পৰিচালনা কৰি, তথ্যচিত্ৰ নিৰ্মাণ আৰু প্ৰদৰ্শনৰ ব্যৱস্থা কৰি যিসকল ব্যক্তিয়ে গাইগুটীয়া উদ্যমেৰে কাম কৰি আছে, তেওঁলোকক বঁটা প্ৰদান কৰি সামাজিকভাৱে স্বীকৃতি আগবঢ়াব লাগে।

(১১) মহাপুৰুষজনাৰ নাম, আদৰ্শ, মতবাদ, নৃত্য, গীত আদিৰ অপভ্ৰংশ বা বিকৃত ৰূপ প্ৰচাৰ কৰি থকা ব্যক্তি আৰু গোষ্ঠীসমূহক চিনাক্ত কৰি উলিয়াব লাগে আৰু 'ইণ্ডিয়ান কপিৰাইট এক্ট'ৰ অধীনত তেওঁলোকক শাস্তিৰ ব্যৱস্থা কৰিব লাগে।

(১২) বিশ্বজুৰি মহাপুৰুষজনাৰ দৰ্শন সম্বন্ধে আলোচনা চক্ৰৰ আয়োজন কৰিব লাগে আৰু লগতে নাট-গীত ভাওনা তথ্যচিত্ৰৰ প্ৰদৰ্শনৰ নিয়মিত ব্যৱস্থা হ'ব লাগে। এনেবোৰ উদ্যোগেৰে শ্ৰীমন্ত শংকৰদেৱক সঁচা অৰ্থত বিশ্বৰ দৰবাৰলৈ নিব পৰা হ'ব বুলি বিশ্বাস।

(দৈনিক অসম, দেওবৰীয়া চ'ৰা, ৩১ মে', ১৯৯৮)

কৃষ্ণৰ ভাওত ইটালীৰ বেনেডেটো ঝাৰলোৰ সৈতে গ্ৰন্থকাৰ অৰ্ণৱ জান ডেকা

বিশ্বপ্ৰসিদ্ধ গৱেষণা সংস্থা ‘শ্ৰীমন্ত শংকৰদেৱ আন্তৰ্জাতিক প্ৰতিষ্ঠান’ৰ জন্মৰ ইতিহাস

মহাপুৰুষ শ্ৰীমন্ত শংকৰদেৱক শ্বেক্সপীয়েৰ, লিয়োনাৰ্ডো-দ্য-ভিন্সি, মাইকেল এঞ্জেলো, বিথোভেন, তানসেন, কাৰ্লমাৰ্ক্স, মাৰ্টিন লুথাৰ আদিৰ সমপৰ্যায়ৰ এজন বিশ্বস্তৰৰ সাহিত্যিক, নাট্য-ব্যক্তিত্ব, শিল্পী, সংগীতজ্ঞ, ৰাজনীতিবিদ, ধৰ্মীয় সংস্কাৰক আৰু সমাজবাদী ৰূপত সমগ্ৰ বিশ্বতে প্ৰতিষ্ঠা কৰাৰ এক মহৎ উদ্দেশ্য লৈ ১৯৯৮ চনৰ ২৮ মাৰ্চ, ২৬ এপ্ৰিল আৰু ২০ ছেপ্টেম্বৰ তাৰিখে মই নিজৰ কষ্টোপাৰ্জিত জেপৰ ধন খৰচ কৰি গুৱাহাটী চহৰত কেন্দ্ৰীয়ভাৱে তিনিখন ৰাজ্যিক অভিৱৰ্তন পাতি ‘শ্ৰীমন্ত শংকৰদেৱ আন্তৰ্জাতিক প্ৰতিষ্ঠান’ নামেৰে এটা অনাধৰ্মীয় গৱেষণা সংস্থা গঠন কৰিছিলোঁ।

মোৰ ব্যক্তিগত একক উদ্যোগত এই সংগঠন সৃষ্টি কৰাৰ আঁৰত কেনে দূৰদৃষ্টি আৰু অধ্যৱসায় আছিল, তাকে স্থায়ীৰূপত লিপিবদ্ধ কৰি ৰাখিবলৈ এই ৰচনাখনৰ আশ্ৰয় লোৱা হৈছে। মোৰ নিজস্ব চিন্তা-ভাৱনাৰে গঢ় দিয়া সংগঠনটোৰ স্বকীয় বৈশিষ্ট্য আৰু কৰ্মপদ্ধতি সম্পৰ্কে এই লেখাটোৰে কিছু ইংগিত দাঙি ধৰিব বুলি আশা কৰা হ’ল। মহাপুৰুষ শ্ৰীমন্ত শংকৰদেৱৰ সাহিত্যৰ অনুবাদ গ্ৰন্থ প্ৰকাশ, নাট-গীত-নৃত্যৰ চাক্ষুস কাৰ্যসূচী, টেলিভিশ্বন আৰু ৰেডিঅ’ৰ উপযোগী অনুষ্ঠান, চিত্ৰপ্ৰদৰ্শনী আৰু কম্পিউটাৰ ইণ্টাৰনেটৰ উপযোগী ‘চফ্‌টৱেৰ’ প্ৰস্তুতকৰণ আদি কাম নিয়মীয়াকৈ কৰি যাবলৈ ধৰ্মীয় আনুষ্ঠানিকতাৰ পৰা আঁতৰি থকা এক আন্তৰ্জাতিক সংগঠন গঢ় দিয়াৰ বিষয়ে এই লেখকে অসমৰ শীৰ্ষস্থানীয় বহুসংখ্যক বুদ্ধিজীৱীৰ সৈতে বহু বছৰ জুৰি বিশদ আলোচনা কৰি আহিছে। পোনেই সংবাদ-মাধ্যমৰ আশ্ৰয় ন’লৈ ঐক্যমতৰ ওপৰতহে অধিক গুৰুত্ব দিয়া হৈছিল। ১৯৯৭ চনৰ ১১ অক্টোবৰ তাৰিখে

ঐতিহ্যমণ্ডিত ৰামদিয়াত কেন্দ্ৰীয়ভাৱে আয়োজিত এক ৰাজহুৱা সভাত এই উদ্যোগৰ কথা মই প্ৰথমবাৰলৈ ৰাজহুৱাভাৱে ঘোষণা কৰিছিলো। ৰামদিয়াৰ বি-চি মেধি কলেজৰ অধ্যক্ষ নগেন চন্দ্ৰ নাথৰ সভাপতিত্বত অনুষ্ঠিত সেই বিশাল জনসভাত গুৱাহাটী বিশ্ববিদ্যালয়ৰ প্ৰাক্তন আইনগুৰু অধ্যাপক ক্ষিতীশ চন্দ্ৰ মেধি, বিশিষ্ট গৱেষক তথা জিলা উপায়ুক্ত কনক চন্দ্ৰ শৰ্মা আৰু অসম সাহিত্য সভাৰ সহকাৰী সম্পাদক তথা কটন কলেজৰ অসমীয়াৰ অধ্যাপক পৱন কুমাৰ বৰুৱাও উপস্থিত আছিল। সেই সভাৰ কাৰ্যবিৱৰণী আয়োজকসকলে অসমৰ সকলো প্ৰধান কাকতলৈ প্ৰেৰণ কৰিছিল যদিও এই গুৰুত্বপূৰ্ণ ঘোষণাৰ বিষয়ে কোনো কাকততে প্ৰকাশ নহ'ল। সম্ভৱতঃ, তেনে গুৰুত্বপূৰ্ণ ঘোষণাৰ বাবে এই লেখকে গুৱাহাটীৰ দৰে 'সম্ভ্ৰান্ত' লোকে বাস কৰা মহানগৰী সলনি ৰামদিয়াৰ দৰে 'বেকৱাৰ্ড' (!) ঠাই বাছি লোৱা বাবে এইদৰে অৱজ্ঞা কৰা হ'ল।

তাৰ আগে-পিছে যিসকল বিশিষ্ট ব্যক্তিৰ সৈতে ৫৫০ বছৰীয়া জয়ন্তীৰ কাৰ্যসূচী সম্পৰ্কে আলোচনা কৰা হৈছিল, সেইসকলৰ ভিতৰত আছিল বিশ্ববিদ্যালয় অনুদান আয়োগৰ সদস্য কমলেশ্বৰ বৰা, গুৱাহাটী বিশ্ববিদ্যালয়ৰ প্ৰাক্তন উপাচাৰ্য ড° নিৰ্মল কুমাৰ চৌধুৰী, তেজপুৰ বিশ্ববিদ্যালয়ৰ প্ৰতিষ্ঠাপক উপাচাৰ্য ড° কিশোৰী মোহন পাঠক, 'আৱাহন-ৰামধেনু যুগ'ৰ প্ৰখ্যাত সাহিত্যিক, শংকৰদেৱ-মাধৱদেৱ-দামোদৰদেৱ-হৰিদেৱ-ভট্টদেৱকে ধৰি অসমৰ বৈষ্ণৱ আন্দোলনত জড়িত সকলো সন্ত-মহন্তৰ জীৱনী প্ৰণোতা, 'কীৰ্ত্তন-ঘোষা' একমাত্ৰ ইংৰাজী গদ্য ভাঙনিকাৰ, দিল্লী বিশ্ববিদ্যালয়ত অসমীয়া বিভাগৰ প্ৰতিষ্ঠাতা তথা কেন্দ্ৰীয় লোকসেৱা আয়োগৰ প্ৰথমগৰাকী আৰু একমাত্ৰ অসমীয়া জ্যেষ্ঠ বিষয়া অধ্যক্ষ ভৱানন্দ ডেকা, মাজুলীৰ কমলাবাৰী সত্ৰৰ সত্ৰাধিকাৰ তথা শংকৰদেৱ বঁটা বিজয়ী বিশিষ্ট গৱেষক নাৰায়ণ চন্দ্ৰ গোস্বামী, বিশিষ্ট ভাষাবিদ অধ্যাপক বিশ্বেশ্বৰ হাজৰিকা, সাহিত্য অকাডেমী বঁটা বিজয়ী বিশিষ্ট সাহিত্যিক-সমালোচক তথা গুৱাহাটী বিশ্ববিদ্যালয়ৰ কলাগুৰু ড° হীৰেন গোহাঁই, ৰবীন্দ্ৰনাথ ঠাকুৰ অধ্যাপক ড° সত্যেন্দ্ৰ নাৰায়ণ গোস্বামী, ড° উমেশ ডেকা, ড° প্ৰদীপজ্যোতি মহন্ত, ড° পৰীক্ষিত হাজৰিকা, গুৱাহাটী দূৰদৰ্শনৰ তেতিয়াৰ ভাৰপ্ৰাপ্ত সঞ্চালক ধীৰেন্দ্ৰ নাথ ৰাভা, গায়ক

খগেন মহন্ত, নৃত্যবিদ ড° প্ৰদীপ চলিহা, ৰসেশ্বৰ শইকীয়া, ইন্দিৰা পি পি বৰা, উপ-সঞ্চালক পি কে ছিংছন, অসমৰ প্ৰাক্তন সাংস্কৃতিক মন্ত্ৰী তথা চলচ্চিত্ৰ বিত্ত নিগমৰ অধ্যক্ষ কুমাৰ দীপক দাস, চিত্ৰকৰ-চলচ্চিত্ৰ পৰিচালক গৌৰী বৰ্মন, বিশিষ্টা লেখিকা, শংকৰী-গৱেষিকা, ভাগৱত ব্যাখ্যাকাৰী প্ৰথম অসমীয়া মহিলা তথা গুৱাহাটীৰ কেন্দ্ৰবিন্দুত মহিলা-পৰিচালিত নামঘৰৰ দুঃসাহসী প্ৰতিষ্ঠাপিকা নলিনী প্ৰভা ডেকা, বিশিষ্ট লেখক, শিল্পী তথা শ্ৰীমন্ত শংকৰদেৱ কলাক্ষেত্ৰৰ কাৰ্যবাহী বিষয়া ৰত্ন ওজা প্ৰভৃতি বিশিষ্ট ব্যক্তিসকল।

১৯৯৭ চনত আমেৰিকা যুক্তৰাষ্ট্ৰৰ ছমাৰছেট আৰু আটলাণ্টিক চিটিত এই লেখকৰ দ্বাৰা পৰিচালিত মহাপুৰুষ শ্ৰীমন্ত শংকৰদেৱৰ জীৱনভিত্তিক এঘণ্টীয়া তথ্যচিত্ৰখন ৰাজহুৱাভাৱে প্ৰদৰ্শিত হোৱাৰ পাছত লাভ কৰা বিপুল সমাদৰ আৰু আগ্ৰহে আমাক আন্তৰ্জাতিক স্তৰত কাম কৰাৰ সম্ভাৱনীয়তা সম্পৰ্কে আশ্বস্ত আৰু উৎসাহী কৰি তুলিছিল।

শংকৰদেৱৰ ৫৫০ বছৰীয়া জন্মজয়ন্তীৰ তাৎপৰ্য বুজি অৰ্থৱহ কাৰ্যসূচীৰে পালনৰ ব্যৱস্থা কৰিব লাগে বুলি আমি ৰামদিয়াৰ অভিজ্ঞতাৰে লিখা প্ৰৱন্ধ এটা অসমত বৰ্তমান প্ৰচলিত সৰ্বপ্ৰাচীন অসমীয়া দৈনিক ‘দৈনিক অসম’ কাকতৰ বহুলভাৱে জনপ্ৰিয় ‘দেওবৰীয়া চ'ৰা’ পৰিপূৰিকাত ১৮ জানুৱাৰী ১৯৯৮ তাৰিখে প্ৰকাশ পায়। আমাৰ সেই প্ৰৱন্ধ প্ৰকাশিত হোৱাৰ পাছত ‘দ্য আসাম ট্ৰিবিউন’ কাকতৰ ১৮ ফেব্ৰুৱাৰী ১৯৯৮ সংখ্যাত কলিকতাৰ পৰা জনৈক আৰ কে দাসগুপ্তই লিখা ‘ৰাইটিংছ্ অন শংকৰদেৱ’ শীৰ্ষত চিঠি এখন প্ৰকাশ পায়। এছাম বুদ্ধিজীৱীয়ে ‘ট্ৰিবিউন’ কাকতত প্ৰকাশিত চিঠিখনেৰে কলিকতাৰ বঙ্গভাষী এগৰাকীয়ে সঁকীয়াই দিয়া বাবেহে আমি উদ্যোগ হাতত লোৱা বুলি প্ৰমাণ কৰিবলৈ যৎপৰোনাস্তি চেষ্টা চলাইছিল। কাৰণটো হ'ল, সম্ভৱতঃ, ‘দৈনিক অসম’ৰ দৰে এখন অসমীয়া কাকতত আমাৰ দৰে বিশ্ববিদ্যালয়ৰ সৰ্বোচ্চ ডিগ্ৰী নোহোৱা ইঞ্জিনিয়াৰ- গল্পকাৰে লিখা প্ৰৱন্ধৰ জৰিয়তে, বা ৰামদিয়াৰ দৰে গাঁও এখনত ৰাজহুৱা সভাত কৰা ঘোষণাৰে অসমত শংকৰদেৱৰ ৫৫০ বছৰীয়া জন্মজয়ন্তীৰ আনুষ্ঠানিক উদ্যোগ আৰম্ভ হৈছিল বুলি প্ৰমাণ হ'বলৈ এৰি দিলে ‘অসমীয়া বুদ্ধিজীৱী’ জনদিয়েকৰ আত্মসন্মানত আঘাত লাগিব। তাতকৈ, কলিকতীয়া বুদ্ধিজীৱীৰে কাৰবাৰটো

আৰম্ভ হৈছিল বুলি জোৰ-জবৰদস্তি (প্ৰমাণ কৰি দিব নোৱাৰিলেও অন্ততঃ) সাব্যস্ত কৰি দিব পাৰিলে কথাটো 'গহীন' হ'ব।

এতিয়া আহোঁ আমাৰ শ্ৰীমন্ত শংকৰদেৱ আন্তৰ্জাতিক প্ৰতিষ্ঠানৰ প্ৰস্তাৱিত কাৰ্যসূচীলৈ। বিশেষ ভনিতা নকৰাকৈ কথাখিনি শ্লথভাৱে উল্লেখ কৰা হ'ল।

(১) আমাৰ সংগঠনে ধৰ্ম প্ৰচাৰ নকৰে। মহাপুৰুষ শ্ৰীমন্ত শংকৰদেৱক আদি কৰি আজিৰ ৰূপকোঁৱৰ জ্যোতিপ্ৰসাদলৈকে অসমৰ ক্ষণজন্মা শিল্পী-দাৰ্শনিক-বুদ্ধিজীৱীয়ে আজিৰ অসমীয়া জাতিটো বৌদ্ধিকভাৱে এটা স্বয়ংসম্পূৰ্ণ জাতিৰূপে প্ৰতিষ্ঠা কৰাৰ প্ৰয়াসেৰে সৃষ্টি কৰি যোৱা সাহিত্য আৰু কলা বিশ্বজুৰি স্থায়ীভাৱে প্ৰচাৰ কৰি যোৱাহে এই সংগঠনৰ লক্ষ্য হ'ব।

(২) কামটোৰ আৰম্ভণিৰূপে মহাপুৰুষ শংকৰদেৱৰ 'শিল্পী-সাহিত্যিক' পৰিচয়টো পোনতে বিশ্বত প্ৰতিষ্ঠা কৰিবলৈ লোৱা হ'ব।

(৩) শংকৰী কলা-সাহিত্য অনুৰাগী সকলো নিষ্ঠাৱান গৱেষক, শিল্পী আৰু সংগঠকক এই সংগঠনে জাতি-ভাষা-ধৰ্ম-সম্প্ৰদায় নিৰ্বিশেষে একেখন মঞ্চত সমবেত কৰিবলৈ সংকল্প ল'ব।

(৪) এই সংগঠন অৰাজনৈতিক যদিও অসমৰ বাবে সঁচা আন্তৰিকতাৰে কাম কৰি অসমৰ সংস্কৃতি বিশ্ব-দৰবাৰত প্ৰতিষ্ঠা কৰিবলৈ আগ্ৰহী সকলো ৰাজনৈতিক দলৰ প্ৰতিভাশালী ব্যক্তিৰ বাবেও সংগঠনৰ দুৱাৰ মুকলি থাকিব।

(৫) সংগঠনৰ স্থায়ী সচিবালয় (বেতনভোগী কৰ্মচাৰী আৰু বিষয়ববীয়া সহকাৰে) গুৱাহাটীত স্থাপন কৰা হ'ব। সংগঠনৰ শাখা কাৰ্যালয় ভাৰতৰ প্ৰধান মহানগৰী নতুন দিল্লী, কলিকতা, বোম্বে আৰু মাদ্ৰাজত প্ৰতিষ্ঠা কৰাৰ লগতে স্বীকৃতিপ্ৰাপ্ত শাখা নিউইয়ৰ্ক, লণ্ডন, পেৰিছ, ফ্ৰাংকফুৰ্ট, মেলবোৰ্ণ, ট'ৰ'ণ্ট', ৱাছিংটন ডি. ছি., লছ এঞ্জেলেছ, ছিঙ্গাপুৰ, ট'কিঅ', হংকং, বেংকক আৰু মস্কোতো স্থাপন কৰা হ'ব।

(৬) সংগঠনে মহাপুৰুষ শ্ৰীমন্ত শংকৰদেৱ বিৰচিত সকলো গ্ৰন্থ হিন্দী, ইংৰাজী, ফৰাচী, জাৰ্মান, জাপানী, স্পেনিছ, পৰ্টুগীজ, চীনা,

ৰুচ আদি ভাষালৈ উপযুক্ত অনুবাদকৰ হতুৱাই অনুবাদ কৰোৱাই প্ৰকাশ কৰাৰ দায়িত্ব ল'ব। ভাৰতবৰ্ষৰো সকলো প্ৰধান ভাষাত একেধৰণে প্ৰকাশৰ কাৰ্যসূচী লোৱা হ'ব।

(৭) সংগঠনৰ অধীনত 'সঙ্গীত কোষ' গঠন কৰি বৰগীতৰ বিশিষ্ট শিল্পী আৰু গৱেষকক একত্ৰিত কৰি বৰগীত সমূহৰ তিনিটা ধাৰাকে (অৰ্থাৎ, মাজুলী, বৰপেটা আৰু বৰদোৱাৰ ধাৰা) স্বীকৃতি দি স্বকীয় বৈশিষ্ট্য ৰক্ষা কৰি স্বৰলিপি কৰোৱাৰ দিহা কৰিব। তাৰ পাছত, উপযুক্ত শিল্পীৰ হতুৱাই বৰগীতসমূহ বাণীবদ্ধ কৰোৱাই কম্পেক্ট ডিস্ক আৰু কেছেটত বিক্ৰীৰ ব্যৱস্থা কৰা হ'ব।

(৮) অসমৰ সত্ৰীয়া নৃত্য চৰ্চাকাৰী সমূহ আগশাৰীৰ শিল্পীকে 'নৃত্য-কোষ'ত একত্ৰিত কৰি সত্ৰীয়া নৃত্যৰ এটা নিভাঁজ আৰু শাস্ত্ৰসন্মত ৰূপ প্ৰস্তুত কৰিবলৈ দায়িত্ব অৰ্পণ কৰা হ'ব। সকলোৱে এৰা-ধৰাৰ মাজেৰে এটা উমৈহতীয়া শৈলী সম্পৰ্কত ঐক্যমতত উপনীত হোৱাৰ পাছত সেই নৃত্য সম্পূৰ্ণভাৱে দৃশ্যগ্ৰহণ কৰি লেজাৰ ডিস্ক আৰু কম্পিউটাৰ ইণ্টাৰনেটৰ 'ৱেব-ছাইট'ত সংৰক্ষণৰ দিহা কৰা হ'ব। ভৱিষ্যতে অসমৰ সকলো শিল্পীয়ে নৃত্য পৰিৱেশনৰ সময়ত সেই নিৰ্দিষ্ট শৈলীহে অনুসৰণ কৰিব লাগিব।

(৯) গীত, অভিনয় আৰু নৃত্যৰ শিল্পীসকলক নিয়মীয়াকৈ অসম আৰু ভাৰতৰ বাহিৰলৈ অনুষ্ঠান পৰিৱেশনৰ বাবে প্ৰেৰণ কৰাৰ সমস্ত ব্যয় এই সংগঠনে বহন কৰিব।

(১০) অংকীয়া নাটসমূহ লেজাৰ ডিস্ক আৰু ৱেব-চাইট'ত স্থায়ীভাৱে সংৰক্ষণৰ বাবে সদৃশ ব্যৱস্থা লোৱা হ'ব।

(১১) ব্ৰডৱে, পিকাডিলি চাৰ্কাছ, ৰিভিয়েৰা আদিত বিদেশী কাৰিকৰী সহযোগিতাৰে অংকীয়া ভাওনা বিদেশী দৰ্শকৰ সমুখত অনুদিত ৰূপত পৰিৱেশনৰ দায়িত্ব এই সংগঠনে ল'ব।

(১২) ৰেডিঅ' আৰু টেলিভিশ্বনৰ উপযোগী অনুষ্ঠান এই সংগঠনে নিজে উদ্যোগ লৈ নিয়মীয়াকৈ প্ৰযোজনা কৰিব।

(১৩) হ'লীউদৰ ষ্টুডিঅ'ৰ লগত যৌথ প্ৰযোজনাৰে মহাপুৰুষজনাৰ

জীৱনভিত্তিক এখন পূৰ্ণাঙ্গ কাহিনীচিত্ৰ নিৰ্মাণৰ দায়িত্বও এই সংগঠনে বহন কৰিব।

(১৪) বিশ্বৰ প্ৰধান বিশ্ববিদ্যালয়সমূহত শ্ৰীমন্ত শংকৰদেৱৰ দৰ্শন আৰু সাহিত্য সম্বন্ধে নিয়মীয়াকৈ আলোচনা-চক্ৰ অনুষ্ঠিত কৰি যাবলৈ এই সংগঠনে প্ৰয়োজনীয় যোগাযোগ কৰি যাব।

(১৫) মহাপুৰুষ জনাৰ নাম আৰু সমস্ত সৃষ্টি 'ইণ্ডিয়ান কপিৰাইট এক্ট' অনুসৰি এই সংগঠনে নিজৰ এক্তিয়াৰলৈ আনি অপব্যৱহাৰ ৰোধৰ বাবে সকলো ব্যৱস্থা হাতত ল'ব।

আশা কৰা হৈছে যে এই উদ্যোগলৈ সমূহ অসমবাসীয়ে হিয়া উবুৰিয়াই সমৰ্থন আৰু সহযোগিতা আগবঢ়াব।

সূত্ৰধাৰৰ ভাওত ফ্ৰান্সৰ মেটিছ ডেল্টনৰ সৈতে গ্ৰন্থকাৰ অৰ্ণৱ জান ডেকা

মহাপুৰুষ শংকৰদেৱৰ অন্য এখন প্ৰতিকৃতি

'প্ৰান্তিক'ৰ কেবাটাও সংখ্যা জুৰি মহাপুৰুষ শ্ৰীমন্ত শংকৰদেৱৰ প্ৰতিকৃতি সম্পৰ্কত চলা বিতৰ্ক আৰু আলোচনা আমি মনোযোগেৰে লক্ষ্য কৰি আছোঁ। এনে যোগাত্মক সদিচ্ছপূৰ্ণ আলোচনাৰ মাজেৰে নিত্য-নতুন তথ্য পোহৰলৈ আহে। 'প্ৰান্তিক'ৰ সম্পাদকীয় স্তম্ভৰ আহ্বানত আৰম্ভ হোৱা বিতৰ্কটিয়ে ইতিমধ্যে একাধিক প্ৰতিকৃতিৰ সন্ধান দিছে, আৰু গুৰুজনাৰ সাম্ভাব্য ৰূপ সম্পৰ্কে বিদ্যত মহলক এটা সম্যক ধাৰণা গঢ় দি লোৱাৰ পথ উন্মোচন কৰিছে। এই উদ্যোগটোত উজান দি সম্প্ৰতি উত্তৰাধিকাৰসূত্ৰে মোৰ হাতত পৰা মোৰ সদ্যপ্ৰয়াত পিতৃ অধ্যক্ষ ভৱানন্দ ডেকাৰ ব্যক্তিগত সংগ্ৰহৰ পৰা মহাপুৰুষ শ্ৰীমন্ত শংকৰদেৱৰ জীৱনকালৰ শেহৰফালে অংকিত বুলি প্ৰচাৰিত অন্য এখন প্ৰতিচ্ছবিৰ বতৰা দাঙি ধৰিবলৈ ওলাইছোঁ।

দৰাচলতে, 'প্ৰান্তিক'ৰ উদ্যোগটোৰ সঁহাৰিত অধ্যক্ষ ভৱানন্দ ডেকাই নিজেই এই প্ৰতিকৃতি সম্পৰ্কত প্ৰান্তিকলৈ লেখা এটা পঠাবলৈ মনস্থ কৰি সযতনে সংৰক্ষণ কৰি ৰখা এই চিত্ৰখনি উলিয়াই লৈছিল। পিছে, তেখেতৰ সেই আশা মহাকালে পূৰণ হ'বলৈ নিদিলে। বিগত দুহেজাৰ ছয় চনৰ চাৰি ডিচেম্বৰ তাৰিখে পুৱা অধ্যক্ষ ভৱানন্দ ডেকাৰ মহাপ্ৰয়াণ ঘটাৰ পাছত তেখেতৰ অসম্পূৰ্ণ কাম-কাজ সম্পৰ্কে সন্ধান চলাওতে তেখেতৰ অন্তিম শয্যাৰ মূৰ শিতানত থকা ষ্টীলৰ দেৰাজত 'কীৰ্ত্তন-ঘোষা'ৰ ইংৰাজী অনুবাদৰ পূৰ্ণাংগ পাণ্ডুলিপি, আত্মজীৱনী আৰু ইংৰাজী-অসমীয়া অৰ্থনৈতিক পৰিভাষাৰ অভিধানৰ পাণ্ডুলিপিকেইটাৰ লগতে ফাইলৰ মাজত এই চিত্ৰখন আৰু সংশ্লিষ্ট তথ্যখিনি পোৱা গ'ল। আজীৱন নিষ্ঠাৰে বৈষ্ণৱ সাহিত্য আৰু সংস্কৃতিৰ গৱেষণা কৰি অহা এই নীৰব গৱেষকগৰাকীয়ে নিজৰ লেখাৰে এই তথ্য 'প্ৰান্তিক'ৰ পাঠকলৈ আগবঢ়াবলৈ লওতেই কালে তেখেতক আমাৰ মাজৰ

পৰা কাঢ়ি লৈ গ'ল যদিও তেখেতৰ অসম্পূৰ্ণ কামবোৰ সম্পূৰ্ণ কৰাৰ বাবে মই গ্ৰহণ কৰা অংগীকাৰৰ অংশ হিচাপেই এই তথ্যখিনি 'প্ৰান্তিক'ৰ জৰিয়তে দাঙি ধৰা হ'ল।

মহাপুৰুষ শ্ৰীমন্ত শংকৰদেৱৰ জীৱনকালত তাৰাৰ প্ৰতিকৃতি প্ৰস্তুত কৰাৰ কেবাটাও উদ্যোগৰ তথ্য পোৱা যায়। মহাপুৰুষ শ্ৰীমাধৱদেৱে গুৰু-ভটিমাত কৰি যোৱা সেই বিখ্যাত বৰ্ণনাকো শব্দৰ জৰিয়তে প্ৰতিকৃতি নিৰ্মাণৰ এক মহৎ প্ৰচেষ্টা বুলি গণ্য কৰিব পাৰি। একেধৰণে পদ্ম-পুৰাণতো গুৰুজনাৰ শাৰীৰিক অবয়বৰ বিশদ বৰ্ণনা পোৱা যায়।

কেৱল চিত্ৰই নহয়, গুৰুজনাৰ প্ৰতিকৃতিৰ মূৰ্তি গঢ় দিয়াৰো দুটা তথ্য চৰিত-পুথিয়ে দিয়ে। শংকৰ-অনুৰাগী কোচ ৰজা নৰনাৰায়ণে হাতীদাঁত খোদাই কৰি শ্ৰীমন্ত শংকৰদেৱৰ মূৰ্তি গঢ়াৰ বিপৰীতে ভকতসকলৰ একান্ত হেঁপাহত গুৰুৰ অনুমতি সাপেক্ষে কাৰেলা নামৰ এগৰাকী কাঠৰ কামত নিপুণ ভকতে কাঠত খোদাই কৰি গুৰুজনাৰ মূৰ্তি এটা সাজিছিল। এই মূৰ্তি দুটা কালৰ গৰাহত হয়তোবা লোপ পালে, কিম্বা গুৰুজনাৰ বৃন্দাৱনী বস্ত্ৰৰ দৰেই বিদেশী সংগ্ৰহালয়ত বন্দী হ'লগৈ।

সাহিত্য আৰু ভাস্কৰ্যৰ জৰিয়তে মহাপুৰুষজনাৰ প্ৰতিকৃতি নিৰ্মাণৰ প্ৰয়াসৰ বাহিৰেও মহাপুৰুষজনা কোচৰাজ্যত থাকোতে অংকন কৰা এখন চিত্ৰৰ তথ্যও পোৱা গৈছিল। তাৰাৰ হস্তাক্ষৰেৰে ৰচিত 'দশম স্কন্ধ ভাগৱত' পুথিখনতে এই আপুৰুগীয়া চিত্ৰখন সংযোজিত হৈছিল। প্ৰায় চাৰি শতাব্দী ধৰি এই চিত্ৰখন সহিতে 'দশম স্কন্ধ ভাগৱত' বিশাল পুথিখন কোচবিহাৰৰ ভেলাডোঙা নামৰ সত্ৰ এখনত সংৰক্ষিত হৈ আছিল। সেই সময়ত ভেলাডোঙা সত্ৰই কোচ ৰজাৰ পৃষ্ঠপোষকতা লাভ কৰি আছিল। গতিকে, পৰম্পৰাটো যে শ্ৰীমন্ত শংকৰদেৱৰ সময়ৰে পৰা চলি আছিল, বুজাত অসুবিধা নহয়। কোচৰাজ্যলৈ গুৰুজনাই জীৱনৰ মধ্যাহ্ন প্ৰহৰ পাৰ কৰাৰ পাছত হে যাত্ৰা কৰিছিল আৰু তাতেই তাৰাৰ মহাপ্ৰয়াণ ঘটিছিল। তাৰে পৰা অনুমান কৰিব পাৰি যে এই চিত্ৰখনি গুৰুজনাৰ জীৱনৰ শেষৰ সময়ছোৱাত অংকিত হৈছিল। মহাপুৰুষ গৰাকীৰ শাৰীৰিক অবয়ব সম্পৰ্কে এটা ধাৰণা গঢ় দি ল'ব লাগিলে এই চিত্ৰখনিকো বিবেচনাৰ মাজলৈ আনিব লাগিব। কাৰণ, এই ছবিয়ে তাৰাৰ জীৱনৰ বিয়লি বেলাৰ ৰূপ সম্বন্ধে যথেষ্ট আভাস দাঙি ধৰিছে।

মহাপুৰুষ শ্ৰীমন্ত শংকৰদেৱৰ অন্যান্য প্ৰচলিত চিত্ৰৰ সৈতে এই চিত্ৰখনৰ ভালেকেইটা চৰিত্ৰগত পাৰ্থক্য পৰিলক্ষিত হয়। এই চিত্ৰখনিত কেৱল গুৰুজনাকহে চিত্ৰায়িত কৰা হৈছে। পাৰিপাৰ্শ্বিকতাক চিত্ৰকৰে এধানিও গুৰুত্ব দিয়া নাই। তাৰাক অতিমানৱৰূপে উপস্থাপনৰো কোনো প্ৰয়াস চিত্ৰখনিত অনুপস্থিত। কৃত্ৰিম জ্যোতিৰে মুখমণ্ডল উদ্ভাসিত কৰি শংকৰদেৱৰ ওপৰত দেৱত্ব আৰোপ কৰাৰ দৰে অন্ধ প্ৰশস্তি চিত্ৰকৰে যে পছন্দ নকৰিছিল, চিত্ৰায়িত কলাৰূপে তাৰ স্পষ্ট আভাস দিয়ে। ভৱিষ্যতৰ বাবে সমল হৈ থাকিবলৈ মানুহ শংকৰদেৱজনকহে অতি সহজ-সৰল বৈষ্ণৱ ৰূপত চিত্ৰখনিত উপস্থাপন কৰা হৈছে। পৰিণত বয়সে স্বাভাৱিকতে হৰণ কৰি নিয়া কেশবিন্যাস আৰু ক্ৰমাৎ ভাগি অহা মুখমণ্ডল অংকিত হোৱা বাবে চিত্ৰখনি বাস্তৱসন্মত হৈ পৰিছে। তথাপিও অনন্য এক ব্যক্তিত্বৰ জিলিকনি চিত্ৰখনিত বৰ্তমান। মহাপুৰুষগৰাকীৰ উদাসী দৃষ্টিয়ে যেন ভৱিষ্যতৰ আশংকাকে দৃশ্যমান কৰিছে। পৰিণত বয়সৰ প্ৰজ্ঞা কাগজে-কলমে লিপিৱদ্ধ কৰি থোৱাৰ বাবে হাতত পুথি আৰু মৈলাম বিৰাজ কৰিছে। ধ্যানৰত বা সমাধিস্থ ৰূপতকৈ লেখক-সাহিত্যিক শ্ৰীমন্ত শংকৰদেৱ জনাৰ প্ৰাসংগিকতাহে অনাগত কালৰ বাবে প্ৰাসংগিক বুলি সম্ভৱতঃ চিত্ৰকৰে দৰ্শাব বিচাৰিছিল।

এইখন চিত্ৰৰ কথাকে অধ্যক্ষ ভৱানন্দ ডেকাই প্ৰান্তিকৰ সহৃদয় পাঠকক জনাব বিচাৰিছিল। চিত্ৰখনি অধুনালুপ্ত হোৱাৰ আঁৰত এটা দুৰ্ভাগ্যজনক কাহিনী আছে। গুৰুজনাৰ ঐতিহ্যকে বহন কৰা বুলি সমাজৰ পৰা সেৱা-সন্মান আদায় কৰি থকা এছাম লোকৰ চৰিত্ৰও এই কাহিনীৰ মাজেৰে ধৰা পৰে। কাহিনীটো চমুকৈ বৰ্ণনা কৰা হ'ল।

কোচবিহাৰৰ ভোলডোঙা সত্ৰত এই চিত্ৰ সহিতে গুৰুজনাৰ নিজহাতে লিখা 'শ্ৰীমদ্ভাগৱত' পুথিখন সযতনে সংৰক্ষিত হৈ থকা সময়তে সুদূৰ মাজুলীৰ কমলাবাৰী সত্ৰৰ পৰা এজন অজ্ঞাতকুলশীল ভকত ভেলাডোঙালৈ গৈছিল। সত্ৰৰ অধিকাৰৰ আতিথ্য গ্ৰহণ কৰি ভকতজন ভেলাডোঙাত বহুদিন আছিল, আৰু সত্ৰৰ পুনৰ্নিৰ্মাণ আৰু মেৰামতি কাৰ্যতো অংশগ্ৰহণ কৰিছিল। তেনে কাৰ্যত লিপ্ত থাকোতেই ভকতজনে জানিব পাৰিছিল যে সত্ৰৰ মণিকূটৰ ভিতৰত মহাপুৰুষ শংকৰদেৱে নিজ হাতে লিখা ভাগৱত পুথিখন আৰু পুথিখনৰ লগতে মহাপুৰুষজনাৰ চিত্ৰ এখনো সযতনে পেৰাত সংৰক্ষিত হৈ

আছে। এই আপুৰুগীয়া পুথি আৰু চিত্ৰখনিৰ গুৰুত্ব ভকতজনে ঠিকেই বুজিলে। পিছে তেওঁৰ মনত এক দুৰ্ভাগ্যজনক কুবুদ্ধিৰ জন্ম হ'ল। এদিনাখন নিশা ভকতজনে সত্ৰৰ মণিকূটৰ পৰা পুথিখন চিত্ৰসহিতে চুৰি কৰিলে আৰু কিছুদিনৰ ভিতৰতে ভেলাডোঙা সত্ৰৰ আতিথ্য এৰি বৰপেটা সত্ৰলৈ আহিল। সেয়া বিগত শতাব্দীৰ তৃতীয় দশকৰ শেষৰ ফালৰ ঘটনা।

অতি আশ্বৰ্যজনক কথাটো হ'ল, ভেলাডোঙা সত্ৰৰ জিম্মাত থকা মহাপুৰুষজনাৰ হস্তাক্ষৰ সম্বলিত এই সচিত্ৰ ভাগৱত পুথিখন আৰু তাতে থকা মহাপুৰুষগৰাকীৰ চিত্ৰখনি বৰপেটা সত্ৰৰ তেতিয়াৰ সত্ৰাধিকাৰ চতুৰ্ভুজ দেৱমিশ্ৰৰ হাতত পৰা সত্বেও উক্ত চুৰি কাৰ্যৰ বিষয়ে সত্ৰাধিকাৰগৰাকীয়ে ভেলাডোঙা সত্ৰৰ সত্ৰাধিকাৰ, কিম্বা স্থানীয় প্ৰশাসনক একো কথাই নজনালে। তাৰ সলনি, এনে ঘৃণনীয় কাৰ্যকো গোপনে ৰাখি পৰোক্ষভাৱে সমাজৰ দ্বাৰা সন্মানিত ভকতৰ দ্বাৰা ঘটা গৰ্হিত চৌৰ্যকৰ্মক সমৰ্থন দিয়ে। সেই সময়তে সত্ৰাধিকাৰগৰাকীয়ে চিত্ৰখনি বৰপেটাৰ স্থানীয় অনেক লোকক দেখুৱাইছিল আৰু বৰপেটাৰ স্থানীয় ফটোগ্ৰাফাৰে শ্ৰীমন্ত শংকৰদেৱৰ চিত্ৰখনিৰ ফটো তুলি ছপাই বিক্ৰী কৰি ব্যৱসায়ো কৰি প্ৰচুৰ মুনাফা অৰ্জন কৰিছিল বুলি জনা যায়। পিছে, তেনেদৰে ব্যৱসায় কৰি অৰ্জা ধন গুৰুজনাৰ নামত সঞ্চিত হ'ল, আৰু গুৰুজনাৰ কীৰ্তি দেশে-বিদেশে প্ৰচাৰ কাৰ্যত ব্যৱহৃত হ'ল, ---নে ধনবোৰ ব্যক্তি বিশেষৰ জেপত সোমাল, তাৰ বিতং তথ্য পোৱা নাযায়।

বৰপেটা সত্ৰৰ তদানীন্তন সত্ৰাধিকাৰগৰাকীয়ে মহাপুৰুষ শ্ৰীমন্ত শংকৰদেৱৰ হস্তাক্ষৰ সম্বলিত ভাগৱত পুথি আৰু গুৰুজনাৰ প্ৰতিকৃতি ভেলাডোঙাৰ পৰা চুৰি কৰি অনা কমলাবৰীয়া ভকতক হাতে-লোটে ধৰিও স্থানীয় আৰক্ষী প্ৰশাসনৰ হাতত গোটাই দিয়াৰ সলনি, সেই চৌৰ্যকৰ্মৰ সহায়ক হৈ, চুৰি কৰি অনা চিত্ৰখনিৰ ফটো তোলাই বৰপেটীয়া ফটোগ্ৰাফাৰক কৰ্তৃত্ববিহীনভাৱে (অৰ্থাৎ, গ্ৰন্থখনি আৰু চিত্ৰৰ গৰাকী ভেলাডোঙা সত্ৰৰ অনুমতি নোলোৱাকৈ) ফটোৰ প্ৰতিলিপি বিক্ৰী কৰি ব্যৱসায় কৰাত সহযোগ কৰাৰ পৰা বুজিব পাৰি যে গুৰুজনাৰ নামতে সমাজত প্ৰতিপত্তি-সন্মান আদায় কৰি থকা এনে ভকত-সত্ৰাধিকাৰ সকলো পাৰ্থিৱ লোভ-মোহৰ পৰা মুক্ত নহয়, আৰু গুৰুজনাৰ নামত ব্যৱসায় কৰি অন্যায়ভাৱে মুনাফা আৰ্জিবলৈকো তেৰাসৱৰ সংকোচ নহয়।

মোৰ দৃষ্টিত শংকৰদেৱৰ গণতান্ত্ৰিক সমাজবাদী আদৰ্শ আৰু কলাচৰ্চাৰ বৈশিষ্ট্য

বৰপেটা সত্ৰৰ সত্ৰাধিকাৰৰ অনুমোদন সাপেক্ষে ভাগৱত পুথিত থকা মহাপুৰুষ শ্ৰীমন্ত শংকৰদেৱৰ চুৰি কৰি অনা চিত্ৰখনৰ প্ৰতিলিপি তৈয়াৰ কৰি ব্যৱসায় আৰম্ভ কৰাৰ সেই সময়ৰে পৰা মূল চিত্ৰখনিৰ সন্ধান পোৱা নগ'ল।

অধ্যক্ষ ভৱানন্দ ডেকাই ব্যক্তিগত অনুসন্ধানত নো কি তথ্য পাইছিল, সেয়া লিখি থৈ যাবলৈ নাপালে বাবে তেখেতৰ পৰা সত্য উদঘাটনৰ কাহিনী আৰু কেতিয়াও জানিব পৰা নাযাব। কিন্তু, ওপৰোক্ত ঘটনাৱলীৰ আলমত ভকত আৰু সত্ৰাধিকাৰ সকলৰ মনঃস্তত্বৰ উমান স্পষ্টকৈ পোৱা যায় বাবে তেওঁলোকৰ হাতত পৰা গুৰুজনাৰ হস্তাক্ষৰ সম্বলিত অতি দুৰ্লভ এই ভাগৱত পুথিখন আৰু মহাপুৰুষ শ্ৰীমন্ত শংকৰদেৱৰ জীৱনৰ শেষকালত অংকিত চিত্ৰখনিৰ দশা সম্বন্ধে অনুমান কৰিবলৈ অসুবিধা নহয়।

গুৰুজনাৰ চিত্ৰখনি অন্যায় পদ্ধতিৰে কমলাবৰীয়া ভকতে আনি বৰপেটাৰ সত্ৰাধিকাৰৰ হাতত তুলি দিয়াৰ পাছতেই সেই চিত্ৰস্বত্ব ভেলাডোঙা সত্ৰৰ হাতত থকা কথা জানিও বৰপেটাৰ সত্ৰাধিকাৰে স্থানীয় ফটোগ্ৰাফাৰক ফটো তুলি ব্যৱসায় কৰিবলৈ অনুমতি দিয়াৰ পৰিপ্ৰেক্ষিতত ধাৰণা হয় যে মূল চিত্ৰখন এতিয়াও সেই সত্ৰাধিকাৰৰ বংশধৰ বা উত্তৰাধিকাৰৰ হাততে গোপনে সংৰক্ষিত হৈ আছে। মূল চিত্ৰখনি আনৰ হাতত পৰিলে আনেও তাৰ ফটো তুলি, বা ডিজিটেল পদ্ধতিত স্কেনিং কৰি প্ৰতিলিপি বিক্ৰী কৰি লাভ অৰ্জন কৰিব পৰাৰ সম্ভাৱনীয়তালৈ লক্ষ্য ৰাখি আনক তেনে ব্যৱসায় কৰাৰ সুযোগৰ পৰা বঞ্চিত কৰি ৰাখিবলৈকে মূল চিত্ৰখন ভেলাডোঙা সত্ৰ বা কৰ্তৃত্বপ্ৰাপ্ত কৰ্তৃপক্ষৰ হাতত নপৰাকৈ লুকুৱাই ৰখা হৈছে। তাৰ সলনি, চিত্ৰখনি লোপ পালে বুলি ভক্তসকলৰ জৰিয়তে মুখৰোচক কাহিনী এটা প্ৰচাৰ কৰাত অসুবিধা একো নাই।

ভেলাডোঙা সত্ৰৰ পৰা চুৰি কৰি নিয়া মহাপুৰুষ শ্ৰীমন্ত শংকৰদেৱৰ হস্তাক্ষৰ সম্বলিত দশম স্কন্ধ ভাগৱত পুথিখনৰ বিভিন্ন পৃষ্ঠা সম্প্ৰতি মাজুলী আৰু অন্যান্য ঠাইৰ সত্ৰবোৰত পোৱা গৈছে বুলি বাতৰি ওলাইছে। গতিকে, সেই পুথিতেই সংলগ্নিত হৈ থকা মহাপুৰুষ গৰাকীৰ মূল চিত্ৰখনিও নিশ্চয় উদ্ধাৰ কৰিব পৰা যাব। এই ক্ষেত্ৰত, চৰকাৰে আইন অনুযায়ী তদন্তৰ ব্যৱস্থা কৰিব লাগে, আৰু এই সন্দৰ্ভত তথ্যবিজ্ঞ ব্যক্তিসকলে তথ্য সদৰি কৰিবলৈ স্বেচ্ছাৰে আগবাঢ়ি আহিব লাগে। তেতিয়াহে, গুৰুজনাৰ প্ৰতি যথোচিত সন্মান প্ৰদৰ্শন

কৰা হ'ব বুলি সকলো আশ্বস্ত হ'ব।

('প্ৰান্তিক', ১ ছেপ্টেম্বৰ, ২০০৭)

স্পেনিছ ভাষাত মঞ্চস্থ হোৱা মহাপুৰুষ শংকৰদেৱৰ অংকীয়া নাট 'ৰামবিজয়'ৰ মূল নায়িকা সীতাৰ ভূমিকা ৰূপায়িত কৰা মেক্সিকোৰ অভিনেত্ৰী তথা সত্ৰীয়া নৃত্যৰ গৱেষিকা আৰু বিশ্বৰ প্ৰথমগৰাকী সত্ৰীয়া নৃত্যৰ স্নাতকোত্তৰ ডিগ্ৰীধাৰী শিল্পী বেটঝাবেল ফলফনৰ সৈতে গ্ৰন্থকাৰ অৰ্ণৱ জান ডেকা

সত্ৰীয়া নৃত্যৰ শাস্ত্ৰসন্মত ৰূপৰ সন্ধান

মহাপুৰুষ শ্ৰীমন্ত শংকৰদেৱৰ উদ্ভাৱন বুলি সৰ্বজনস্বীকৃত আৰু শংকৰী আদৰ্শত স্থাপিত অসমৰ সত্ৰসমূহত প্ৰতিপালিত সত্ৰীয়া নৃত্যৰ বিশুদ্ধ, শাস্ত্ৰসন্মত ৰূপ এটা এতিয়ালৈকে প্ৰস্তুত কৰি আৰ্হি নৃত্যশৈলীৰূপে দাঙি ধৰিব নোৱাৰা অক্ষমতাৰ আমি সকলো অসমীয়াই সমানে সমভাগী। বহু বছৰধৰি সত্ৰীয়া নৃত্যৰ সৰ্বভাৰতীয় স্বীকৃতিৰ বাবে যুঁজ-বাগৰ কৰি অহাৰ অন্তত অসমৰ সকলো শংকৰী গৱেষক-শিল্পীয়ে অসম সাহিত্য সভাৰ সহযোগত ১৯৯৮ চনত একগোট হৈ সম্পূৰ্ণ গণতান্ত্ৰিকভাৱে তিনিখন ৰাজ্যিক অভিৱৰ্ত্তন অনুষ্ঠিত কৰি এক স্থায়ী গৱেষণা-সংস্থা 'শ্ৰীমন্ত শংকৰদেৱ আন্তৰ্জাতিক প্ৰতিষ্ঠান' গঠন কৰি আনুষ্ঠানিকভাৱে তথ্যসহ জনোৱা দাবীৰ সঁহাৰিত অসমৰ অবিসম্বাদী সংগীতজ্ঞ আৰু বিশিষ্ট শংকৰ-অনুৰাগী ডঃ ভূপেন হাজৰিকাই ভাৰত চৰকাৰৰ সংগীত নাটক অকাডেমীৰ অধ্যক্ষৰ গুৰু আসনত উপৱিষ্ট হৈ থকা সময়তে নিজৰ ঐচ্ছিক ক্ষমতাৰ সদব্যৱহাৰ কৰি সত্ৰীয়া নৃত্যলৈ অকাডেমীৰ আনুষ্ঠানিক স্বীকৃতি আদায় কৰাই দি নিজৰ মাতৃভূমিৰ প্ৰতি এক মহৎ কৰ্ত্তব্য সম্পাদন কৰিলে। অকাডেমীয়ে এনেদৰে বাট কাটি দিয়াৰ পাছত সত্ৰীয়া নৃত্যশৈলীক নিজস্ব বৈশিষ্ট্য সহকাৰে বিশুদ্ধ শাস্ত্ৰসন্মত ৰূপত তুলি ধৰাৰ দায়িত্ব স্বাভাৱিকতে নৃত্যগুৰু আৰু নৰ্তক-নৰ্তকীৰ ওপৰত আহি পৰিছে। কিন্তু, আমাৰ দৰে নৃত্যৰ ব্যাকৰণৰ সীমিত জ্ঞানসম্পন্ন আগ্ৰহী অসমীয়াই তেনেসকল সত্ৰীয়া নৃত্যগুৰু আৰু নৰ্তক-নৰ্তকীৰ আচৰণ আৰু কৰ্মপদ্ধতিত এতিয়ালৈকে সন্তুষ্টি লভিবৰ অৱকাশ পোৱা নাই। এই আঁপাহতে, মোৰ উদ্যোগত আৰম্ভ কৰিব খোজা চৰ্চা-গৱেষণাৰ প্ৰস্তুতিপৰ্বৰ অভিজ্ঞতা কিছু জনাই থ'ব বিচাৰিছো।

বিংশ শতাব্দীৰ সত্তৰৰ দশকৰ আদিতে অসমীয়া ভাষা-সাহিত্যৰ কিংবদন্তি

পুৰুষ ডঃ মহেশ্বৰ নেওগৰ একান্ত স্নেহ আৰু অভিভাৱকোচিত তৎপৰতাত তেখেতৰে প্ৰতিষ্ঠাপিত সেই ঐতিহ্যমণ্ডিত সত্ৰীয়া কলা চৰ্চাৰ অনুষ্ঠান 'সংগীত সত্ৰ'ত বৰগীত আৰু সত্ৰীয়া নৃত্যৰ প্ৰাৰম্ভিক স্তৰৰ বিদ্যাৰ্থী হৈ নামভৰ্তি কৰাৰ সৌভাগ্য এই লেখকৰ হৈছিল। সত্ৰীয়া কলা আৰু সাহিত্যৰ একনিষ্ঠ সেৱক মোৰ পিতৃ অধ্যক্ষ ভৱানন্দ ডেকা আৰু মাতৃ নলিনী প্ৰভা ডেকাৰ সৈতে ডঃ নেওগৰ একান্ত ঘনিষ্ঠতা মই শৈশৱৰে পৰা দেখিছিলো। ডঃ নেওগে প্ৰাতঃভ্ৰমণ কৰি আহি প্ৰায়ে আমাৰ ঘৰতে বহি চিকুণ পুৱাৰ টোপনিৰ পৰা আমাক জগাই ৰসাল আলাপ কৰি আমাৰ সৈতে একেলগে প্ৰাতঃভোজনফেৰা সমাপন কৰি যোৱাৰ বহু মধুৰ স্মৃতি মনত আছে। সেয়া সত্তৰৰ দশকৰ কথা। আমি প্ৰাথমিক বিদ্যালয়ৰ বালক-বিদ্যাৰ্থী। মা-দেউতাহঁতৰ লগত ডঃ নেওগৰ দীঘলীয়া বাৰ্তালাপৰ সবিশেষ অনুধাৱন কৰিব নোৱাৰিলেও সাৰমৰ্মৰূপে এইখিনি বুজিছিলো যে সত্ৰীয়া নৃত্য আৰু বৰগীতৰ গুৰুজনাই দি যোৱা ঐতিহ্যৰ আধাৰতে নিভাঁজ ৰূপত চৰ্চাৰ পৰম্পৰা গঢ়ি তোলাৰ মানসেৰেই 'সংগীত সত্ৰ' নামেৰে অনুষ্ঠানটি গঢ় দিয়াৰ কষ্টকৰ সংগ্ৰামত ডঃ নেওগ ৰত হৈছে। তেখেতে কৈছিল যে নৃত্য-গীতৰ নিৰন্তৰ গৱেষণা চলাই যোৱাৰ বাবে গৱেষক সৃষ্টি কৰাৰ লগে লগে শাস্ত্ৰসন্মত অসমীয়া বিশুদ্ধ ৰূপত নৃত্য-গীত পৰিৱেশনৰ বাবে গুৰুকুল পৰম্পৰাত নৰ্তক-নৰ্তকী-গায়ক-গায়িকা গঢ় দি ল'ব পাৰিলেহে উদ্যোগটো সাৰ্থক হ'ব। সত্ৰীয়া নৃত্য সত্ৰসমূহত মূলতঃ কেৱলীয়া ভকতে চৰ্চা কৰে যদিও সত্ৰৰ বাহিৰৰ অন্যান্য পৰিয়ালৰ পৰা ল'ৰা নাচিবলৈ ওলাই অহাটো বৰ বিৰল ঘটনা। সত্ৰীয়া নৃত্য শিকিবলৈ অভিভাৱকসকলে ছোৱালীকহে আগবঢ়াই দিয়ে বুলি ডঃ নেওগে আক্ষেপ কৰিছিল। তেখেতৰ একান্ত আগ্ৰহত মোৰ ভাতৃৰ লগতে মোকো সেই শৈশৱতে নি মা-দেউতাই সংগীত সত্ৰত নৃত্য-গীতৰ বিদ্যাৰ্থীৰূপে ভৰ্তি কৰাই দিছিল। পাছলৈ সংগীত নাটক অকাডেমী বঁটা অৰ্জন কৰি সমগ্ৰ অসমকে গৌৰৱান্বিত কৰা দুগৰাকী প্ৰখ্যাত নৃত্যবিদ আৰু সংগীতশিল্পী যথাক্ৰমে ৰসেশ্বৰ শইকীয়া বৰবায়ন আৰু প্ৰভাত শৰ্মাক আমি গুৰুৰূপে লাভ কৰি ধন্য হৈছিলো। ৰসেশ্বৰ শইকীয়া বৰবায়নে স্বয়ং আমাক সত্ৰীয়া নৃত্য শিকাইছিল আৰু প্ৰভাত শৰ্মাৰ ওচৰত আমি বৰগীতৰ তালিম লৈছিলো। তেতিয়া মন কৰিছিলো যে বৰগীতৰ শ্ৰেণীত আমাৰ সৈতে বহু ছাত্ৰীৰ লগতে কেবাজনো

ছাতৰ আছিল যদিও সত্রীয়া নৃত্যৰ শ্ৰেণীত এজাক ছাত্রীৰ মাজত আমি দুই ভাইহে মাথোঁ শিকাৰু ছাত্র আছিলো। পাছলৈ মোৰ ভাই অংকুৰে সংগীত-চর্চাতে পূর্ণকালীন ৰূপত মনপুতি লাগি মধ্যপ্রদেশৰ পৰা সংগীতৰ স্নাতকোত্তৰ ডিগ্রী লৈ সংগীতৰ গৱেষণা কৰাৰ লগতে উত্তৰাঞ্চল, মিজোৰাম, মেঘালয়ত দীর্ঘ সময়ৰ বাবে বাস কৰি বিভিন্ন জনগোষ্ঠীয় লোকগীতৰ সমল বুটলি ফুৰিছে আৰু মিজোৰামত থকা সময়তে মিজো ভাষা ভালদৰে আয়ত্ত কৰি লৈ মিজো ভাষাতে গীত ৰচি, গাই বাণীৱদ্ধ কৰি এলবাম পর্যন্ত উলিয়াই সংগীতৰ মাজেৰে সমন্বয়ৰ সেঁতু গঢ়িছে। অংকুৰৰ সংগীত-সমৰ্পিত নিষ্ঠাৱান কামে ডঃ ভূপেন হাজৰিকাৰ লগতে তেখেতৰ সুসংস্কৃতিৱান পৰিবাৰ প্রিয়ম হাজৰিকা আৰু পুত্র তেজক ইমানেই প্রভাৱিত কৰিছিল যে ভাৰতৰ সংগীত জগতৰ এই কিংবদন্তি পুৰুষজনাৰ পুত্ৰই জীৱনত প্রথমবাৰলৈ গীত গাই বাণীবদ্ধ কৰিবলৈ সিদ্ধান্ত লৈ অংকুৰৰ লগতে প্রথম গীতটো ষ্টুডিয়ত বাণীৱদ্ধ কৰিছিল। শিল্পীজনাৰ মহাপ্রয়াণৰ প্রথম বার্ষিকী তিথিত তেখেতৰ স্মৃতিত তেজ আৰু অংকুৰৰ যৌথ কণ্ঠৰে সজোৱা সেই সংগীতৰ এলবাম 'বিদায়' তেখেতৰ পত্নী প্রিয়ম হাজৰিকা আৰু মোৰ মাতৃ নলিনী প্রভা ডেকাই দুই পুত্ৰৰ উপস্থিতিত একেলগে গুৱাহাটী প্রেছ ক্লাবত উন্মোচন কৰিছিল। আমাৰ পৰিয়ালৰ গৌৰৱময় সেই সাংগীতিক যাত্রা এতিয়াও অব্যাহত আছে।

'প্রাচীন কামৰূপী নৃত্য সংঘ'ৰ দুগৰাকী অন্যতম প্রতিষ্ঠাতা সুৰেশচন্দ্র গোস্বামী আৰু প্রদীপ চলিহাৰ কথাও এই প্রসংগতে মনত পৰিছে। সত্রীয়া, ওজাপালি, দেৱদাসীৰ দৰে অসমৰ নিভাঁজ থলুৱা নৃত্যশৈলীবোৰ পুনৰ উদ্ধাৰ কৰি ব্যাকৰণসন্মত ৰূপত গঢ় দি সবভাৰতৰ লগতে বিশ্বত উপস্থাপন কৰাৰ মহান উদ্দেশ্যৰে ১৯৩৭ চনত গোপীনাথ বৰদলৈ, কনকলাল বৰুৱা, জীৱেশ্বৰ গোস্বামী প্রভৃতিৰ উদ্যোগত প্রতিষ্ঠিত এই সংঘৰ জাকতজিলিকা ইতিহাস বহুবছৰ পূর্বেই 'ৰামধেনু' আলোচনীত সম্পাদক ডঃ বীৰেন্দ্ৰ কুমাৰ ভট্টাচাৰ্য্যৰ বদ্যন্যতাত প্রকাশ পাই গৈছে। সেই অভিজ্ঞতা আৰু গৱেষণাৰ আলমতে নৃত্যবিদ সুৰেশচন্দ্র গোস্বামীয়ে 'প্রাচীন কামৰূপী নৃত্য-নাট্য কলা' নামেৰে এখন সচিত্র মূল্যৱান গ্রন্থ ৰচনা কৰি থৈ গৈছে। সেই গ্রন্থখনিৰ এটা কপি স্বয়ং গ্রন্থকাৰেই মোৰ দেউতা অধ্যক্ষ ভৱানন্দ ডেকাক উপহাৰ দিছিল আৰু পৰৱৰ্তীকালত দেউতাই প্রতিষ্ঠা

কৰা গুৱাহাটীৰ মাজমজিয়াৰ মৰ্যাদাসম্পন্ন প্ৰতিষ্ঠান ‘উৰ্বশী সংগীত বিদ্যালয়’ত সেই গ্ৰন্থখনি সংৰক্ষিত হৈ আছে। উক্ত গ্ৰন্থত প্ৰয়াত গোস্বামী ডাঙৰীয়াই বৰ যত্ন সহকাৰে সত্ৰীয়া নৃত্যৰ মুদ্ৰাবোৰ চিত্ৰ আৰু কথাৰে বৰ্ণনা কৰি অসমীয়া জাতিৰ প্ৰতি এক মহৎ অৱদান আগবঢ়াই থৈ গৈছে।

পাছলৈ, উক্ত প্ৰাচীন কামৰূপী নৃত্য সংঘৰে অন্য এগৰাকী সক্ৰিয় সদস্য আৰু অসমৰ জীৱন্ত কলাক্ষেত্ৰ বুলি সুপ্ৰতিষ্ঠিত বিশিষ্ট নৃত্যবিদ, সংগীত নাটক অকাডেমী বঁটা বিজয়ী প্ৰদীপ চলিহাৰ সৈতেও মোৰ ঘনিষ্ঠতা স্থাপন হয়, আৰু তেখেতৰ মুখেৰে সত্ৰীয়া নৃত্যৰ বিশুদ্ধ ৰূপ সম্পৰ্কত অনেক তাত্ত্বিক সময় মই লাভ কৰিছিলো। তেখেতৰ সৈতে মোৰ ঘনিষ্ঠতাৰ ফছল স্বৰূপে ‘অসমৰ জীৱন্ত কলাক্ষেত্ৰ প্ৰদীপ চলিহা’ নামৰ গ্ৰন্থ এখন তেখেতৰ জীৱনকালতে প্ৰণয়ন কৰা হৈছিল যদিও চঞ্চল চনত তেখেতৰ প্ৰয়াণৰ পাছতহে গ্ৰন্থখনি প্ৰকাশ হৈ ওলায়। উক্ত গ্ৰন্থৰ চন্দ্ৰ নং পৃষ্ঠাৰ অধ্যায়টোৰ শিৰোনামা হ’ল — “সত্ৰীয়া নৃত্য ঃ স্বীকৃতিৰ সমস্যা আৰু প্ৰদীপ চলিহাৰ সমাধান সূত্ৰ”। মোৰ আগত প্ৰয়াত চলিহাই দি যোৱা ব্যাখ্যা অনুসৰি সত্ৰীয়া নৃত্যৰ বাবে শাস্ত্ৰীয় সমল বিচাৰি আমাৰ নৃত্যশিল্পী সকলে ভাৰত-নাট্যম, ওডিছি, কথক আদিৰ ওচৰ চপাৰ দৰকাৰ নাই। দৰকাৰ হ’লে, অসমৰে থলুৱা নৃত্যশৈলী ‘ব্যাস ওজাপালি’ আৰু থলুৱাভাৱে ৰচিত গ্ৰন্থ ‘শ্ৰীহস্তমুক্তাৱলী’ৰ পৰা নৃত্যৰ মুদ্ৰাবোৰ ল’ব পাৰি বুলি চলিহাই পৰামৰ্শ আগবঢ়াইছিল। সেই বিষয়ে মই ‘দৈনিক অসম’তে লিখিছিলো।

সেয়া গ’ল প্ৰথম পৰ্বৰ কথা। দ্বিতীয় পৰ্বটো আহিল সত্ৰীয়া নৃত্য সম্পৰ্কে মই লিখিবলৈ সমল গোটাবলৈ আৰম্ভ কৰাৰে পৰা। মোৰ নৃত্যগুৰু ৰসেশ্বৰ শইকীয়া বৰবায়নে মোক ঘৰলৈ মাতি নি ১৯৯৪ চনত ক’লে যে এই নৃত্যশৈলীটোক ধ্ৰুপদী শৈলী বুলি সৰ্বভাৰতত প্ৰতিষ্ঠা কৰিবলৈ হ’লে অসমীয়া শাস্ত্ৰসন্মত বৈশিষ্ট্যবোৰ প্ৰণালীবদ্ধভাৱে দাঙি ধৰি ইংৰাজীতে সুদীৰ্ঘ প্ৰতিবেদন গ্ৰন্থাকাৰে লিখি উলিয়াব লাগিব। শইকীয়া ডাঙৰীয়াই প্ৰস্তাৱ কৰিলে যে তেখেতে অসমীয়াতে দি যোৱা বৰ্ণনাবোৰৰ আধাৰত মই ইংৰাজীত গ্ৰন্থখনি প্ৰণয়ন কৰিব লাগে।

প্ৰাচীন কামৰূপী নৃত্য সংঘৰ প্ৰতিষ্ঠাপক সদস্যদ্বয় সুৰেশচন্দ্ৰ গোস্বামী আৰু প্ৰদীপ চলিহাৰ পৰা মই পোৱা সমলসমূহ লৈয়ো ৰসেশ্বৰ শইকীয়াৰ সৈতে

বিস্তাৰিত আলোচনা হৈছিল। শেহলৈ আমি একমতলৈ আহিছিলো যে এনে বিশাল কৰ্ম গাইগুটীয়া উদ্যোগত সম্পন্ন কৰা সম্ভৱ নহ'ব। অসমৰ সকলো শংকৰী গৱেষক আৰু শিল্পীক সামৰি এখন গণতান্ত্ৰিক মঞ্চত সমৱেত কৰি ঐক্যমতত উপনীত হ'ব পাৰিলেহে এক নিৰ্দিষ্ট ৰূপত সত্ৰীয়া নৃত্যৰ আৰ্হি প্ৰস্তুত কৰিব পৰা হ'ব। এনে আলোচনাবোৰৰ মাজে মাজে অসমৰ সংস্কৃতি-ক্ষেত্ৰৰ শিৰোনামা দখল কৰি থকা গৰিমা হাজৰিকা, ইন্দিৰা পিপি বৰা, পুষ্পা ভূঞা, শাৰদী শইকীয়া প্ৰভৃতিকো মই বিভিন্ন সময়ত উপযাঁচি গৈ লগ ধৰি তেওঁলোকৰ বক্তব্য জানিবলৈ চেষ্টা কৰিছিলো। ইন্দিৰা পিপি বৰাই মোক স্পষ্টভাৱে কৈছিল যে সত্ৰীয়া নৃত্যক মঞ্চত আকৰ্ষণীয় ৰূপত উপস্থাপন কৰিবলৈ তেওঁ নিজে মাদ্ৰাজত শিকি অহা ভাৰত-নাট্যমৰ মুদ্ৰা ব্যৱহাৰ কৰিছে আৰু ভাৰত-নাট্যমৰ স্কুল খুলি ছাত্ৰীসকলক লগতে সত্ৰীয়া নৃত্যও শিকাইছে। ভাৰত-নাট্যম শিকা শিল্পীয়ে সত্ৰীয়া পৰিৱেশন কৰিলে তাত ভাৰত-নাট্যমৰ প্ৰভাৱ থাকিবই বুলি তেওঁ মোৰ আগত বাৰম্বাৰ দোহাৰিছিল।

এই ক্ষেত্ৰত বিশুদ্ধবাদীসকলৰ আপত্তি প্ৰকট। অন্য নৃত্যশৈলীৰ পৰা মুদ্ৰা বা অন্য সমল আহৰণ কৰি পৰিৱেশন কৰা ভেজাল সত্ৰীয়া নৃত্যক নিজস্ব শৈলীৰ শাস্ত্ৰীয় নৃত্য বুলি সৰ্বভাৰতীয় কোনো বিশেষজ্ঞই স্বীকৃতি নিদিব বুলি তেওঁলোকৰ মত। সত্ৰীয়া নৃত্যক ইয়াৰ বিশুদ্ধ অসমীয়া ৰূপত পৰিৱেশনৰ বাবে ব্যাকৰণ গঢ়ি সেই অবিকৃত ৰূপত পৰিৱেশনৰ বাবে এক কঠোৰ ব্যৱস্থা গঢ়ি ল'ব পাৰিলেহে এই নৃত্যশৈলীৰ স্বকীয়তা ৰক্ষা পৰিব আৰু সৰ্বভাৰতীয় পৰিচয় সাব্যস্ত হ'ব বুলি সংশ্লিষ্ট সকলোৱে মত দিছিল। ইতিমধ্যে একোটা গোট লগ হৈ নিজাকৈ কৰ্মশালা পাতি ঐক্যমতত উপনীত হোৱাৰ দৰে ঘটনা কেবাবাৰো ঘটি গৈছে। কিন্তু, তাৰ পাছতো অন্য এটা গোটে আকৌ একে বিষয়বস্তুকে লৈ অন্য এখন কৰ্মশালা পাতি অন্য ধৰণে সিদ্ধান্ত লোৱাৰ ফলত বাদ-বিসম্বাদে দেখা দিয়ে। গতিকে, প্ৰদীপ চলিহা, ৰসেশ্বৰ শইকীয়া, ঘনকান্ত বৰা বায়ন, ইন্দিৰা পিপি বৰাকে ধৰি বিভিন্ন মতক প্ৰতিনিধিত্ব কৰা নৃত্যবিদ আৰু শিল্পীসকলে সকলো গোটকে একে মঞ্চত একত্ৰিত কৰাৰ এক গুৰুদায়িত্ব এই লেখকৰ ওপৰত অৰ্পণ কৰি এক স্থায়ী সংগঠন গঢ় দিবলৈ আহ্বান জনায়।

এই বিশিষ্ট শংকৰী শিল্পীসকলৰ লগতে অসমৰ সমুদায় শ্ৰেষ্ঠ শংকৰী

গৱেষকসকলৰ আহ্বান আৰু সমৰ্থনতে মই নিজৰ জেপৰ ধন ভাঙি আৰু মোৰ পিতৃ তথা অসমৰ শ্ৰেষ্ঠ শংকৰী গৱেষক-ব্যাখ্যকাৰী ইংৰাজী অনুবাদক অধ্যক্ষ ভৱানন্দ ডেকাৰ আৰ্থিক অনুদানেৰে সমগ্ৰ অসম ভ্ৰমণ কৰি সকলো বিশিষ্ট শংকৰী পণ্ডিত আৰু শিল্পীক নিমন্ত্ৰণ জনাই ১৯৯৮ চনৰ ২৮ মাৰ্চ, ২৬ এপ্ৰিল আৰু ২০ ছেপ্টেম্বৰ তাৰিখে গুৱাহাটীত তিনিখন ৰাজ্যিক অভিৱৰ্তন অনুষ্ঠিত কৰো, আৰু সেই অভিৱৰ্তন তিনিখনে আন্তৰ্জাতিক স্তৰত শংকৰী নৃত্য-গীত-কলা আৰু সাহিত্য প্ৰচাৰ আৰু চৰ্চা-গৱেষণাৰ বাবে সৰ্বসন্মত মতৰ ভিত্তিত ধৰ্মীয় পৰিসৰৰ বাহিৰত এক গৱেষণা-সংস্থা হিচাপে অসমীয়াত ‘শ্ৰীমন্ত শংকৰদেৱ আন্তৰ্জাতিক প্ৰতিষ্ঠান’ আৰু ইংৰাজীত ‘Srimanta Sankardev International Foundation’ প্ৰতিষ্ঠা কৰে। উক্ত প্ৰতিষ্ঠানৰ বিভিন্ন ক্ষেত্ৰত কাম কৰিবলৈ সৰ্বমুঠ তেৰটা কোষ গঠন কৰি দিয়া হয়। উক্ত কোষবোৰৰ ভিতৰত বিশেষকৈ নৃত্য কোষত ৰসেশ্বৰ শইকীয়া বৰবায়ন, সংগীত কোষত খগেন মহন্ত, সাহিত্য কোষত ডঃ হীৰেন গোহাঁই আৰু ভৱপ্ৰসাদ চলিহা আৰু সুকুমাৰ কলা কোষত নীলপৱন বৰুৱাক আহ্বায়ক মনোনীত কৰি এক আশাপ্ৰদ আৰম্ভণি কৰা হয়। এই আন্তৰ্জাতিক প্ৰতিষ্ঠানৰ অভিৱৰ্তনসমূহত ওপৰোক্ত ব্যক্তিসকলৰ উপৰিও মাজুলীৰ নতুন কমলাবাৰী সত্ৰৰ সত্ৰাধিকাৰ তথা অসম চৰকাৰৰ শংকৰদেৱ বঁটাবিজয়ী বিশিষ্ট গৱেষক নাৰায়ণ চন্দ্ৰ গোস্বামী, অসম সাহিত্য সভাৰ তদানীন্তন সভাপতি ডঃ নগেন শইকীয়া, বিশিষ্ট ভাষাবিদ-শংকৰী গৱেষক বিশ্বেশ্বৰ হাজৰিকা, গুৱাহাটী বিশ্ববিদ্যালয়ৰ অধ্যাপকসকল ডঃ সত্যেন্দ্ৰ নাৰায়ণ গোস্বামী, ডঃ উমেশ ডেকা, ডঃ পৰীক্ষিত হাজৰিকা, ডঃ প্ৰদীপজ্যোতি মহন্ত, ডঃ অমলেন্দু চক্ৰৱৰ্তী, ডঃ প্ৰণৱজ্যোতি ডেকা, ডিব্ৰুগড় বিশ্ববিদ্যালয়ৰ উপাচাৰ্য কমলেশ্বৰ বৰা, প্ৰাক্তন মুখ্য ন্যায়াধীশ ডম্বৰুধৰ পাঠক, বিখ্যাত গায়ক খগেন মহন্ত, গীতিকাৰ-কবি কেশৱ মহন্ত, নিকুঞ্জলতা মহন্ত, শংকৰী গৱেষিকা তথা অনাতাঁৰ নাট্যকাৰ নলিনী প্ৰভা ডেকা, চলচ্চিত্ৰকাৰ ফণী তালুকদাৰ আৰু গৌৰী বৰ্মন, ‘কীৰ্ত্তন-ঘোষা’ৰ ইংৰাজী অনুবাদক তথা শংকৰী গৱেষক অধ্যক্ষ ভৱানন্দ ডেকা, শংকৰদেৱৰ জীৱনভিত্তিক উপন্যাস ৰচোঁতা ডঃ লক্ষ্মীনন্দন বৰা, সংগীতকাৰ প্ৰভাত শৰ্মা, শংকৰদেৱ কলাক্ষেত্ৰৰ বিষয়া ৰত্ন ওজা, অসম সাহিত্য সভাৰ প্ৰধান সম্পাদক শৈলেন দাস প্ৰভৃতিৰ যোগদান আৰু সহযোগিতাৰ

ৰাজহুৱা আশ্বাস মোৰ বাবে বৰ প্ৰেৰণাদায়ক আছিল।

অভিৰৰ্তনৰ অন্তত অনুষ্ঠিত প্ৰথম কাৰ্যনিৰ্বাহকৰ বৈঠকত নৃত্যকোষৰ আহ্বায়ক ৰসেশ্বৰ শইকীয়ৰ ইচ্ছা অনুসৰি তেখেতৰ নেতৃত্বত যতীন গোস্বামী, ঘনকান্ত বৰা, শাৰদী শইকীয়া বৰা, গৰিমা হাজৰিকা আৰু ৰত্ন ওজাক লৈ সত্ৰীয়া নৃত্যৰ উমৈহতীয়া নিভাঁজ ৰূপ প্ৰস্তুতকৰণৰ আঁচনি যুগুতাবলৈ এখন পূৰ্ণাংগ সমিতি গঠন কৰি দায়িত্ব অৰ্পণ কৰা হৈছিল। এই মহৎ কৰ্মৰ বাবে অসমৰ বিভিন্ন অঞ্চলৰ ৰাইজে মুক্তহস্তে দান-বৰঙণি আগবঢ়াইছিল আৰু প্ৰায় এমাহমানৰ ভিতৰতে প্ৰায় ডেৰলক্ষৰো অধিক টকা সংগৃহীত হৈছিল। আমাৰ পৰিয়ালৰ ফাল পৰা মোৰ প্ৰয়াত পিতৃ অধ্যক্ষ ভৱানন্দ ডেকাই ৫০,০০০ (পঞ্চাশ হাজাৰ) টকা আৰু মই নিজে ৫০,০০০ (পঞ্চাশ হাজাৰ) টকা, অৰ্থাৎ সৰ্বমুঠ এক লাখ টকা উক্ত আন্তৰ্জাতিক প্ৰতিষ্ঠানৰ পুজিলৈ দানস্বৰূপে আগবঢ়াইছিলো। অসম বিধান সভাৰ তৰফৰ পৰা অধ্যক্ষয়ো নগদ ১,০০,০০০ (এক লক্ষ) টকা আগবঢ়াইছিল। বৰ্ত্তমানলৈ প্ৰায় দুই দশকৰ সুদ চক্ৰবৃদ্ধি হাৰত সেই ধনৰ পৰিমান গৈ এতিয়া দহ লক্ষ টকাৰো অধিক হৈছেগৈ।

পিছে, দুৰ্ভাগ্যক্ৰমে, শ্ৰীমন্ত শংকৰদেৱ আন্তৰ্জাতিক প্ৰতিষ্ঠানৰ পুজিলৈ মোৰ পৰিয়ালৰ লগতে অসম বিধান সভা আৰু অসমৰ ৰাইজে দান দিয়া সেই বৃহৎ পৰিমানৰ ধন আন্তৰ্জাতিক প্ৰতিষ্ঠানটোৰ দুজন কোষাধ্যক্ষ গণেশ চন্দ্ৰ দাস আৰু বন্দিতা ফুকনে দুজন ঠিকাদাৰ ৰমেন দাস, সুভাষ চন্দ্ৰ পাঠক আৰু এজন কেৰেণী কিশোৰী মোহন পাঠকৰ লগতে সুৰেন্দ্ৰ নাথ মেধি, ৰামচৰণ ঠাকুৰীয়া, দয়ানন্দ পাঠক, গণেশ কুটুম, কমলেশ্বৰ বৰা, অতুলানন্দ গোস্বামী, স্যমন্ত ওৰফে শ্যামন্ত ফুকন প্ৰভৃতি ষড়যন্ত্ৰকাৰীৰ সহযোগত আত্মসাৎ কৰে। উক্ত আত্মসাতৰ অপৰাধ গাপ দিবলৈ উক্ত অপৰাধীবোৰে সংগোপনে আমাৰ আন্তৰ্জাতিক প্ৰতিষ্ঠানৰ নামটো বিকৃত কৰি এটা ডুপ্লিকেট ভুঁৱা সংগঠন 'শ্ৰীমন্ত শংকৰদেৱ আন্তঃৰাষ্ট্ৰীয় প্ৰতিষ্ঠান' নামেৰে সৃষ্টি কৰি ৰাইজ আৰু আৰক্ষীৰ লগতে মহামান্য আদালতকো আভুঁৱা ভাৰিবলৈ চেষ্টা কৰে। অৱশেষত, আমাৰ মূল শ্ৰীমন্ত শংকৰদেৱ আন্তৰ্জাতিক প্ৰতিষ্ঠানৰ কেবাখনো সভা অনুষ্ঠিত কৰি প্ৰতিষ্ঠাপক সদস্যসকলে উক্ত "আন্তঃৰাষ্ট্ৰীয় প্ৰতিষ্ঠান" নামধাৰী ভুঁৱা সংগঠনৰ সৈতে আমাৰ সংগঠনৰ কোনো সম্পৰ্ক নাই বুলি প্ৰস্তাৱ গ্ৰহণ কৰি উক্ত আচামীগণৰ

পৰা আমাৰ প্ৰতিষ্ঠানৰ সকলো ধন-সম্পত্তি উদ্ধাৰ কৰিবলৈ আইনগত ব্যৱস্থা ল'বলৈ সিদ্ধান্ত গ্ৰহণ কৰে। সেইমৰ্মে, আমাৰ আন্তৰ্জাতিক প্ৰতিষ্ঠানৰ তৰফৰ পৰা দাখিল কৰা এজাহাৰৰ ভিত্তিত আচামাগণৰ বিৰুদ্ধে দিছপুৰ থানাৰ গোছৰ নং ৫৪৯ / ১৯৯৯, ৪৫৩ / ২০০০, ৫৭৩ / ২০০১, চান্দমাৰি থানাৰ গোছৰ নং ২২৯ /২০০০, গীতানগৰ থানাৰ গোছৰ নং ৭৩ /২০০১ আৰু কেবাটাও গোছৰ বৰ্ত্তমান কামৰূপ জিলাৰ মুখ্য ন্যায়িক দণ্ডাধীশৰ অধীনৰ আদালতত বিচাৰাধীন হৈ আছে।

পিছে, আত্মসাৎ হোৱা টকাখিনি এতিয়াও উদ্ধাৰ নোহোৱা বাবে দাতাসকলৰ বহুতেই আৰু অসম বিধান সভাৰ সচিবালয়ৰ তৰফৰ পৰাও ধন ঘূৰাই বিচাৰি আছে। আমাৰ আন্তৰ্জাতিক প্ৰতিষ্ঠানৰ পৰৱৰ্তী কেবাখনো বৈঠকত উপস্থিত থাকি নৃত্যকোষৰ আহ্বায়ক প্ৰয়াত ৰসেশ্বৰ শইকীয়াই মহাপুৰুষৰ কলা-কৃষ্টি প্ৰচাৰৰ বাবে মই প্ৰতিষ্ঠা কৰা এই মহান অনুষ্ঠানটোৰ পুঁজিৰ ধন এনে ঘৃণনীয় পন্থাৰে আত্মসাৎ কৰা কাৰ্যত ক্ষোভ আৰু দুখ প্ৰকাশ কৰিছিল, আৰু পুঁজিৰ অভাৱতে নৃত্যকোষৰ কামকাজ আগবঢ়াই নিব নোৱাৰা বুলি জনাইছিল। আদালতত বিচাৰাধীন ফৌজদাৰী গোছৰবোৰৰ ফলাফল দেখাৰ আগতেই, কিম্বা আত্মসাৎ হোৱা টকাখিনি আৰক্ষীয়ে উদ্ধাৰ কৰাত সক্ষম হোৱাৰ আগতেই, সত্ৰীয়া নৃত্যৰ শাস্ত্ৰসন্মত ৰূপ প্ৰস্তুতকৰণ প্ৰক্ৰিয়াটোক গতিদান কৰিবলৈ পোৱাৰ আগতেই মনত গভীৰ সন্তাপ লৈয়েই প্ৰবীণ নৃত্যবিদ প্ৰদীপ চলিহা, ৰসেশ্বৰ শইকীয়া আৰু মোৰ পিতৃ অধ্যক্ষ ভৱানন্দ ডেকা তথা শংকৰী গৱেষিকা মাতৃ নলিনী প্ৰভা ডেকাই এই ধৰাধামৰ পৰা বিদায় লৈ গ'লগৈ। তথাপি, মোৰ পিতৃ-মাতৃ তথা গুৰুসৱৰ আশীৰ্বাদ শিৰোধাৰ্য কৰি মই এই সংকল্প লৈ আছো যে মই দৈহিকভাৱে সক্ষম হৈ থকা সময়তে যদি মহামান্য আদালতে দোষীক উপযুক্ত শাস্তি প্ৰদান কৰি আমাৰ আন্তৰ্জাতিক প্ৰতিষ্ঠানৰ পুঁজিৰ ধন উদ্ধাৰ কৰি আমাৰ হাতত অৰ্পণ কৰে, তেন্তে মোৰ পিতৃ-মাতৃ আৰু গুৰুস্থানীয়সকলৰ উদ্যোগত আৰম্ভ হোৱা সত্ৰীয়া নৃত্যৰ শাস্ত্ৰসন্মত ৰূপৰ সন্ধান প্ৰক্ৰিয়াটোক যুক্তিসন্মত সমাপ্তিৰ ফালে আগবঢ়াই নিয়াত মোৰ যত্ন আৰু আন্তৰিকতাৰ অভাৱ নহ'ব। এনেদৰে, শংকৰী নৃত্যৰ শাস্ত্ৰসন্মত ৰূপৰ সন্ধানত মই অনেক পথ পৰিক্ৰমা কৰি অনেক সুধীজনৰ সান্নিধ্যলৈ আহি অনেক অভিজ্ঞতা আৰ্জিলো।

দিল্লী বিশ্ববিদ্যালয়ত অসমীয়া বিভাগ আৰু শংকৰদেৱৰ আসন প্ৰতিষ্ঠা অভিযান

বৌদ্ধিক স্তৰত শ্ৰীমন্ত শংকৰদেৱৰ গুৰুত্ব প্ৰতিষ্ঠা কৰাৰ বাবে যিকেইটা প্ৰাথমিক লক্ষ্য পূৰণত শংকৰ অনুৰাগীসকলে বিগত কেইবা দশক ধৰি গুৰুত্ব আৰোপ কৰি আহিছে, তাৰ অন্যতম হ'ল ভাৰতবৰ্ষৰ শীৰ্ষস্থানীয় বৌদ্ধিক অনুশীলনৰ কেন্দ্ৰ বুলি জনাজাত আৰু কেন্দ্ৰীয় চৰকাৰৰ আশিসধন্য দিল্লী বিশ্ববিদ্যালয়ত 'শ্ৰীমন্ত শংকৰদেৱ আসন' প্ৰতিষ্ঠা। এই সম্পৰ্কত অসমত ঢাক-ঢোল বজাই এছামে হুলস্থূল লগাই থাকোতেই অধ্যক্ষ ভৱানন্দ ডেকাকে প্ৰমুখ্য কৰি মুষ্টিমেয় কেইজনমান যশস্বী অসমীয়াই প্ৰায় নিৰৱে কাম কৰি এই প্ৰচেষ্টাটোক প্ৰায় সাফল্যমণ্ডিত কৰি তুলিবলৈ সক্ষম হ'ল। তেওঁলোকৰ প্ৰচাৰবিমুখ উদ্যোগৰ খতিয়ান দাঙি ধৰাৰ বাবেই এই লেখাৰ আয়োজন।

দিল্লী বিশ্ববিদ্যালয়ত 'শংকৰদেৱ আসন' প্ৰতিষ্ঠাৰ পূৰ্বতে অসমীয়া বিভাগ মুকলি কৰাটো এটা পূৰ্বচৰ্তৰ লেখীয়া আছিল। সুখৰ বিষয় যে প্ৰায় চাৰিটা দশকৰ পূৰ্বেই বিশ্ববিদ্যালয়খনত অসমীয়া বিভাগ মুকলি কৰা হৈছিল। সেই কাৰ্য সম্ভৱ হৈছিল ৰাজধানী নগৰী দিল্লীত তেতিয়া নকৈ স্থাপন কৰা পঞ্জীয়নভুক্ত স্বেচ্ছাসেৱী সংগঠন- 'দিল্লী অসমীয়া সাহিত্য সমাজ'ৰ উদ্যোগত। ১৯৬৮ চনত স্থাপিত দিল্লী নিবাসী অসমীয়াৰ এই প্ৰথম ৰাজহুৱা সংগঠনটোৰ সভাপতি আছিল প্ৰাক্তন কেন্দ্ৰীয় মন্ত্ৰী প্ৰয়াত বিজয় চন্দ্ৰ ভাগৱতী, উপ-সভাপতি দুজন আছিল যথাক্ৰমে তেতিয়াৰ সাংসদ আৰু পাছলৈ অসমৰ মুখ্যমন্ত্ৰী যোগেন্দ্ৰ নাথ হাজৰিকা আৰু কেন্দ্ৰীয় লোকসেৱা আয়োগৰ জ্যেষ্ঠ বিষয়াৰ পদত অধিষ্ঠিত প্ৰথম অসমীয়া তথা পাছলৈ গুৱাহাটীৰ প্ৰাগজ্যোতিষ

কলেজৰ অধ্যক্ষ, অৰ্থনীতিবিদ ভৱানন্দ ডেকা, প্ৰধান সম্পাদক আছিল লোকসেৱা আয়োগত তেতিয়া কনিষ্ঠ বিষয়াৰূপে কৰ্মৰত আৰু পাছলৈ গুৱাহাটী বিশ্ববিদ্যালয়ৰ অসমীয়া বিভাগৰ মুৰব্বী অধ্যাপক ড° পৰীক্ষিত হাজৰিকা আৰু কোষাধ্যক্ষ আছিল অন্য এগৰাকী অসমীয়া কনিষ্ঠ বিষয়া উপেন্দ্ৰ নাথ গোস্বামী।

প্ৰথম অৱস্থাত দিনটোৰ চৰকাৰী কৰ্তব্য সমাপন কৰি সন্ধিয়া সময়ত দিল্লীৰ আছাম হাউছত অধ্যক্ষ ভৱানন্দ ডেকা, অধ্যাপক পৰীক্ষিত হাজৰিকা আৰু উপেন্দ্ৰ নাথ গোস্বামীৰ লগতে ৰবীন পাঠক আৰু পবিত্ৰ দাস নামৰ অন্য দুজন অসমীয়া বিষয়া গোট খাই দিল্লী বিশ্ববিদ্যালয়ত অসমীয়া বিভাগ আৰু শংকৰদেৱ আসন প্ৰতিষ্ঠাৰ বাবে পৰিকল্পনাৰ খচৰা প্ৰস্তুত কৰিছিল। দিল্লীৰ সিদ্ধান্ত গ্ৰহণকাৰীসকলক অসমীয়া ভাষা আৰু সাহিত্যৰ গুৰুত্ব আৰু শ্ৰীমন্ত শংকৰদেৱৰ প্ৰভাৱ সম্পৰ্কে পতিয়ন নিয়াব পৰাকৈ সেই সন্দৰ্ভত তথ্য-পাতি সন্নিৱিষ্ট কৰি পানী নসৰকা যুক্তিৰে প্ৰস্তাৱৰ পূৰ্ণপাঠ সেই পাঁচজন লোকে লগ লাগি প্ৰস্তুত কৰিছিল।

এই উদ্যোগটোত ৰাজনৈতিক সমৰ্থনৰ লগতে সম্পূৰ্ণ সহযোগ বিচাৰি তেওঁলোকে তেতিয়াৰ তেজস্বী অসমীয়া সাংসদ, অধ্যক্ষ হেম বৰুৱাৰো ওচৰ চাপিছিল যদিও কোনো অজ্ঞাত কাৰণত তেখেতে বিষয়টোত কোনো উৎসাহ নেদেখুৱালে। অৱশ্যে আন দুগৰাকী সাংসদ বিজয় চন্দ্ৰ ভাগৱতী আৰু যোগেন্দ্ৰ নাথ হাজৰিকাৰ সমৰ্থন আছিল অকুণ্ঠ আৰু নিচৰ্ত। আনকি সাংসদ দুগৰাকীৰ পৰিয়াৰ যথাক্ৰমে বিমলা ভাগৱতী আৰু বীণা হাজৰিকায়ো উদ্যোগটোত প্ৰচুৰ সহায় কৰিছিল। এই কথাবোৰ ৰোমন্থন কৰি উদ্যোগটোৰ দুগৰাকী অগ্ৰণী হোতা অধ্যক্ষ ভৱানন্দ ডেকা আৰু অধ্যাপক পৰীক্ষিত হাজৰিকাই ‘দৈনিক অসম’ (১ জুন, ১৯৯৮) কাকতত ‘দিল্লী বিশ্ববিদ্যালয়ত শ্ৰীমন্ত শংকৰদেৱ আসন’ নামেৰে এটা যৌথ প্ৰবন্ধ প্ৰকাশ কৰি থৈছে। প্ৰস্তাৱৰ খচৰা সাজু হোৱাৰ পিছত সাংসদ বিজয় চন্দ্ৰ ভাগৱতী, যোগেন্দ্ৰ নাথ হাজৰিকা, ভৱানন্দ ডেকা, পৰীক্ষিত হাজৰিকা আৰু উপেন্দ্ৰ নাথ গোস্বামীৰ পাঁচজনীয়া সঁজাতি দলে গৈ প্ৰথমে দিল্লী বিশ্ববিদ্যালয়ৰ তেতিয়াৰ উপাচাৰ্য ড° বি এন গাংগুলীক লগ ধৰিলে। পিছে উপাচাৰ্যগৰাকীয়ে দলটোৰ প্ৰস্তাৱৰ প্ৰতি কোনো ইতিবাচক সঁহাৰি নিদিলে।

তেওঁলোকৰ উৎসাহ পিছে প্ৰশমিত নহ’ল। বিজয় চন্দ্ৰ ভাগৱতীয়ে বিশ্ববিদ্যালয় অনুদান আয়োগৰ তেতিয়াৰ অধ্যক্ষ ড° ডি এছ কোঠাৰীক লগ ধৰাৰ বাবে সাক্ষাৎকাৰৰ দিন এটা নিৰ্ধাৰণ কৰিলে। ১৯৬৮ চনৰ ৭ নৱেম্বৰৰ

দিনটো অসম আৰু অসমীয়াৰ বাবে প্রাতঃস্মৰণীয় এটা গৌৰৱৰ দিন ৰূপে চিহ্নিত হৈ থকা উচিত। কাৰণ সেই দিনটোতে বিশ্ববিদ্যালয় অনুদান আয়োগে অসমীয়া ভাষা আৰু সাহিত্য আৰু লগতে শ্ৰীমন্ত শংকৰদেৱৰ সর্বভাৰতীয় প্রাসংগিকতা আৰু গুৰুত্ব মানি লৈ আনুষ্ঠানিক চৰকাৰী স্বীকৃতি প্রদান কৰি তেতিয়াৰ একমাত্র কেন্দ্রীয় উচ্চ শিক্ষা প্রতিষ্ঠান দিল্লী বিশ্ববিদ্যালয়ত অসমীয়া বিভাগ মুকলি কৰাৰ ব্যৱস্থা কৰে। বিজয় চন্দ্র ভাগৱতী, যোগেন্দ্ৰ নাথ হাজৰিকা, ভৱানন্দ ডেকা, পৰীক্ষিত হাজৰিকা আৰু উপেন্দ্ৰ নাথ গোস্বামীৰে গঠিত সঁজাতি দলে দাখিল কৰা আনুষ্ঠানিক প্ৰস্তাৱ মনোযোগেৰে শুনি আৰু বিষয়টো সম্পৰ্কে বিতংভাৱে আলোচনা কৰি বিশ্ববিদ্যালয় অনুদান আয়োগৰ অধ্যক্ষ ড° কোঠাৰীয়ে দলটোৰ আগত মন্তব্য কৰিছিল,- 'দিল্লী বিশ্ববিদ্যালয় এটা কেন্দ্রীয় প্রতিষ্ঠান। ইয়াত ভাৰতৰ সংবিধান স্বীকৃত ভাষাবোৰৰ সন্মানজনক স্থান থাকিব লাগে। আধুনিক ভাৰতীয় ভাষা বিভাগত অসমীয়া বিভাগ অন্তর্ভুক্ত নোহোৱাটো বৰ দুখৰ কথা।'

সেই মন্তব্য কৰিয়েই কর্তব্য শেষ নকৰি অধ্যক্ষ কোঠাৰীয়ে লগে লগে দলটোৰ সন্মুখতে দিল্লী বিশ্ববিদ্যালয়ৰ উপাচাৰ্যলৈ ফোন কৰিলে আৰু নির্দেশৰ সুৰত ক'লে,- 'ৰাষ্ট্ৰীয় বিশ্ববিদ্যালয়খনত অসমীয়া বিভাগ কিয় খোলা নাই? কিয় দাবী আহিব লাগে? ছাত্র-ছাত্রী পাছত হ'ব। সংবিধান স্বীকৃত অসমীয়া ভাষাই স্থান পাবই লাগিব। বিভাগটো খুলিবলৈ কিমান টকাৰ প্রয়োজন, অতি সোনকালে মোলৈ লিখিত প্ৰস্তাৱ পঠাওক। ১৯৬৯ চনৰ পৰাই অসমীয়া বিভাগ আৰম্ভ হ'ব লগিব।'

সেয়াই আৰম্ভণি। সঁজাতি দলটোৱে শংকৰদেৱ আসনৰ লগতে বেজবৰুৱা আসন প্রতিষ্ঠাৰ বাবেও দাবী জনাইছিল। ১৯৬৮ চনৰ ২৪-২৫ নৱেম্বৰত দিল্লী মহানগৰীতে বেজবৰুৱা শতবার্ষিকী উদ্‌যাপন কৰা হৈছিল। তালৈ ভাৰতবৰ্ষৰ ৰাষ্ট্ৰপতি ড° জাকিৰ হুছেইনো আহিছিল। দিল্লী অসমীয়া সাহিত্য সমাজে দিল্লী বিশ্ববিদ্যালয়ত অসমীয়া বিভাগ আৰু আনুষংগিক আসন প্রতিষ্ঠাৰ বাবে লোৱা উদ্যোগৰ বিষয়ে ৰাষ্ট্ৰপতিক জনাই লিখিত স্মাৰকপত্র প্রদান কৰিছিল। লগতে শ্ৰীমন্ত শংকৰদেৱৰ সামাজিক সংস্কাৰ আৰু সংহতিমূলক কৃতিত্বৰ বিষয়েও ৰাষ্ট্ৰপতিগৰাকীক অৱগত কৰোৱা হৈছিল। দিল্লী মহানগৰীত 'শংকৰদেৱ ভৱন' নির্মাণৰ সিদ্ধান্তও তেতিয়াই লোৱা

হৈছিল। এনেদৰে অধ্যক্ষ ভৱানন্দ ডেকাকে ধৰি কেইজনমান বিশিষ্ট অসমীয়াই গ্ৰহণ কৰা উদ্যোগৰ ফলস্বৰূপে দিল্লী বিশ্ববিদ্যালয়ত অসমীয়া বিভাগ প্ৰতিষ্ঠা হৈছিল আৰু অসমৰ সুযোগ্যা জীয়ৰী ড° মামণি ৰয়ছম গোস্বামীয়ে বিভাগটোত অধ্যাপিকাৰ আসন অলংকৃত কৰিছিল। পাছলৈ তেখেত আধুনিক ভাৰতীয় ভাষা বিভাগৰো মুৰব্বী হ'ল। পিছে বিভাগ প্ৰতিষ্ঠাৰ পঁচিশ বছৰৰ পাছতো 'শংকৰদেৱ আসন' প্ৰতিষ্ঠাৰ সপোনটো অপূৰ্ণ হৈ আছিল।

সেই উদ্যোগটো আকৌ সক্ৰিয় কৰাৰ তাগিদাতে এই লেখকে ব্যক্তিগত উদ্যোগ লৈ ১৯৯৮ চনত তিনিখন ৰাজ্যিক অভিৰৰ্তন পাতি 'শ্ৰীমন্ত শংকৰদেৱ আন্তৰ্জাতিক প্ৰতিষ্ঠান' নামেৰে এটা আন্তৰ্জাতিক স্তৰৰ স্বেচ্ছাসেৱী গৱেষণা সংস্থাৰ জন্ম দিয়ে। সেই প্ৰতিষ্ঠানৰ অন্যতম ঘোষিত কাৰ্যসূচী আছিল দিল্লী বিশ্ববিদ্যালয়ত শংকৰদেৱ আসন প্ৰতিষ্ঠা। তিনি দশকৰ পূৰ্বে নতুন দিল্লীত এই দিশৰ কাৰ্যসূচী আৰম্ভ কৰি থৈ অহা যশস্বী অসমীয়া কেইজনৰ মাজৰে অধ্যক্ষ ভৱানন্দ ডেকা আৰু অধ্যাপক পৰীক্ষিত হাজৰিকায়ো মোৰ ঘোষিত কাৰ্যসূচীৰ প্ৰতি সম্পূৰ্ণ সমৰ্থন আগবঢ়াই প্ৰতিষ্ঠানৰ কাৰ্যসূচীবোৰত সহযোগ কৰিছিল। আমাৰ আমন্ত্ৰণত দিল্লী বিশ্ববিদ্যালয়ৰ অধ্যাপিকা ড° মামণি ৰয়ছম গোস্বামীয়েও শ্ৰীমন্ত শংকৰদেৱ আন্তৰ্জাতিক প্ৰতিষ্ঠানৰ এখন বিশেষভাৱে আহ্বায়িত সভাত ১৯৯৯ চনৰ ৭ আগষ্ট তাৰিখে আমন্ত্ৰিত অতিথিৰূপে যোগদান কৰে। বিশ্ববিদ্যালয় অনুদান আয়োগৰ সদস্য তথা প্ৰাক্তন উপাচাৰ্য কমলেশ্বৰ বৰাই সভাখনত সভাপতিত্ব কৰিছিল। সভাখনত উপস্থিত অন্যান্য বিশিষ্ট ব্যক্তিসকল আছিল- গুৱাহাটী বিশ্ববিদ্যালয়ৰ ৰবীন্দ্ৰ অধ্যাপক ড° সত্যেন্দ্ৰ নাৰায়ণ গোস্বামী, অধ্যক্ষ ভৱানন্দ ডেকা, ভাষাবিদ বিশ্বেশ্বৰ হাজৰিকা, গৱেষক, অধ্যাপক পৱন কুমাৰ বৰুৱা, ভৱানী প্ৰসাদ অধিকাৰী, লেখিকা নলিনী প্ৰভা ডেকা প্ৰভৃতিৰ উপৰিও অসম এছ'ছিয়েশ্যন অব্ নৰ্থ আমেৰিকাৰ (আনা) প্ৰাক্তন সভাপতি অমিয় কুমাৰ দাস।

সভাত ড° মামণি ৰয়ছম গোস্বামীয়ে এক সুদীৰ্ঘ ভাষণ দিয়াৰ উপৰি দুটা ঐতিহাসিক প্ৰস্তাৱ উত্থাপন কৰিছিল। সৰ্বসন্মতিক্ৰমে গৃহীত সেই ঐতিহাসিক প্ৰস্তাৱ দুটা 'শ্ৰীমন্ত শংকৰদেৱ আন্তৰ্জাতিক প্ৰতিষ্ঠান'ৰ কাৰ্যবিৱৰণী বহীৰ পৰা হুবহু তুলি দিয়া হ'ল। প্ৰস্তাৱ ঃ ২ ঃ শ্ৰীমন্ত শংকৰদেৱ আন্তৰ্জাতিক প্ৰতিষ্ঠানৰ ৭-৮-১৯৯৯ তাৰিখৰ কাৰ্যনিৰ্বাহকৰ বৈঠকে দিল্লী বিশ্ববিদ্যালয়ত

'শংকৰদেৱ আসন' প্ৰতিষ্ঠা কৰিবলৈ যথোচিত উদ্যোগ লৈ বিশ্ববিদ্যালয় কৰ্তৃপক্ষৰ সৈতে যোগযোগৰ সিদ্ধান্ত গ্ৰহণ কৰে। দিল্লী বিশ্ববিদ্যালয়ত 'শংকৰদেৱ আসন' প্ৰতিষ্ঠাৰ হকে বিশ্ববিদ্যালয়খনত কৰ্মৰত অসমৰ বিশিষ্ট লেখিকা তথা বিশ্ববিদ্যালয়খনৰ আধুনিক ভাৰতীয় ভাষা বিভাগৰ মুৰব্বী অধ্যাপিকা ড° ইন্দিৰা গোস্বামীৰ (ড° মামণি ৰয়ছম গোস্বামী) সহযোগত প্ৰচেষ্টা চলাব বুলি সিদ্ধান্ত লোৱা হয়। প্ৰস্তাৱ ঃ ৩ ঃ শ্ৰীমন্ত শংকৰদেৱ আন্তৰ্জাতিক প্ৰতিষ্ঠানৰ ৭-৮-১৯৯৯ তাৰিখৰ কাৰ্যনিৰ্বাহকৰ বৈঠকে দিল্লী বিশ্ববিদ্যালয়ৰ আধুনিক ভাৰতীয় ভাষা বিভাগৰ মুৰব্বী অধ্যাপিকা ড° ইন্দিৰা গোস্বামী ওৰফে ড° মামণি ৰয়ছম গোস্বামীয়ে প্ৰতিষ্ঠানৰ বৈঠকত উপস্থিত থাকি দিল্লী বিশ্ববিদ্যালয়ত 'Sankardev Endowment Lecture' আয়োজন কৰাত প্ৰতিষ্ঠানৰ সহযোগ বিচৰাত ধন্যবাদ জ্ঞাপন কৰে আৰু এই মহান কাৰ্যসূচীত সম্পূৰ্ণ সহযোগৰ সিদ্ধান্ত গ্ৰহণ কৰে। এই Endowment Lecture-টো প্ৰতি বছৰে দিল্লী বিশ্ববিদ্যালয় প্ৰাংগণত দিল্লী বিশ্ববিদ্যালয় আৰু শ্ৰীমন্ত শংকৰদেৱ আন্তৰ্জাতিক প্ৰতিষ্ঠানৰ যৌথ উদ্যোগত আয়োজিত হ'ব আৰু ড° গোস্বামীৰ প্ৰস্তাৱ অনুসৰি প্ৰয়োজনীয় পুঁজি সংগ্ৰহ কৰি প্ৰতিষ্ঠান আৰু বিশ্ববিদ্যালয়ৰ নামত Joint Accountত ৰাষ্ট্ৰীয়কৃত বেংকত জমা কৰিবলৈ সিদ্ধান্ত লোৱা হয়। এই পুঁজিৰ ধনৰ পৰা প্ৰতি বছৰে পোৱা মাথোঁ সুতখিনিৰেহে Endowment Lectureটো আয়োজন কৰা হ'ব বুলি সভাই সিদ্ধান্ত গ্ৰহণ কৰে।

এই প্ৰসংগতে উল্লেখনীয় যে আমাৰ প্ৰতিষ্ঠানে সভা পাতি আনুষ্ঠানিক প্ৰস্তাৱ লোৱাৰ আগতেই অধ্যক্ষ ভৱানন্দ ডেকা আৰু ড° মামণি ৰয়ছম গোস্বামীৰ তৎপৰতাত ১৯৯৫ চনত দিল্লী বিশ্ববিদ্যালয়ৰ তৰফৰপৰা অসম চৰকাৰলৈ দুটা প্ৰস্তাৱ প্ৰেৰণ কৰা হৈছিল। বিশ্ববিদ্যালয়ৰ উপাচাৰ্য ড° ভি. আৰ. মেহতাই মেমো নং-VC/J (89)/ 95/ 1132 অনুসৰি ১৪ ডিছেম্বৰ, ১৯৯৫ তাৰিখে অসমৰ মুখ্যমন্ত্ৰী হিতেশ্বৰ শইকীয়ালৈ প্ৰেৰণ কৰা চিঠিখনত সেই ঐতিহাসিক প্ৰস্তাৱ দুটা উল্লেখ কৰি লিখিছিলঃ

"1. The Government of Assam can establish a Chair for the enhancement of studies of Assamese Literature in particular and Comparative Indian Literature in general. The Chair may be named as 'SHANKARDEV CHAIR' in the name of Shankardev, the towering personality of Bhakti Movement from Assam. The Chair may consist of one full-time Professor in the present grade of Rs. 4,500-7,500 plus allowances (subject to further changes from time to time as approved by the University). The rough estimate will be Rs. 15 lacs. If the Assam Government donates a sum of Rs 15 lacs, the salary of Professorship and other supplementary expenses can be met from the interest of the donation."

"2. The Government of Assam can donate a sum of Rs. 10 lacs and from the interest of this donation, The Department of Modern Indian Languages and Literature Studies will hold an annual programme of Guest Lectures along with National Seminar which can be named as 'SHANKARDEV SEMINAR'."

So, we certainly feel that Proposal no. 1 from the above is more fit and proper to achieve the objectives which you have in mind. However, if financial constraints prevent you from encouraging that proposal, you may also think about proposal no. 2 as mentioned above. Awaiting your early reply and again thanking you for taking initiative for the academic cause."

এই ঐতিহাসিক চিঠিখনৰপৰা দেখা যায় যে অধ্যক্ষ ভৱানন্দ ডেকাই ১৯৬৮ চনতে জনোৱা লিখিত দাবী অনুসৰি দিল্লী বিশ্ববিদ্যালয়ত 'শংকৰদেৱ আসন' প্ৰতিষ্ঠা কৰাৰ বাবে বিশ্ববিদ্যালয় কৰ্তৃপক্ষই সন্মতি প্ৰকাশ কৰাই নহয়, বিশ্ববিদ্যালয়খনৰ আধুনিক ভাৰতীয় ভাষা আৰু সাহিত্য অধ্যয়ন বিভাগৰ তৰফৰপৰা প্ৰতি বছৰে অতিথি বক্তৃতামালা আৰু ৰাষ্ট্ৰীয় আলোচনা-চক্ৰ এখনো 'শংকৰদেৱ ছেমিনাৰ' নামেৰে আয়োজন কৰিবলৈ প্ৰস্তাৱ কৰিছিল।

অনেক প্ৰবন্ধেৰে আৰু মোৰ নিজৰ লগতে অধ্যক্ষ ভৱানন্দ ডেকাৰ কষ্টোপাৰ্জিত ধন ভালেখিনি আমাৰ জেপৰপৰা খৰচ কৰি এই তথ্য আৰু চিঠিৰ প্ৰতিলিপি মই দিল্লী বিশ্ববিদ্যালয় কৰ্তৃপক্ষৰপৰা উদ্ধাৰ কৰিবলৈ সক্ষম হৈছিলো। সেই ক্ষেত্ৰত মোক দিহা-পৰামৰ্শ দি মামণি বাইদেৱে কৰা সহায়-সহযোগ মই কেতিয়াও পাহৰিব নোৱাৰোঁ। সেই চিঠিৰ প্ৰতিলিপি লৈ মই ব্যক্তিগতভাৱে ভাৰতবৰ্ষৰ তদানীন্তন উপ-ৰাষ্ট্ৰপতি কৃষ্ণকান্ত, প্ৰধানমন্ত্ৰী অটল বিহাৰী বাজপেয়ী, কেন্দ্ৰীয় মন্ত্ৰী মদনলাল খুৰানা আৰু সুষমা স্বৰাজকো বিভিন্ন সময়ত

সাক্ষাৎ কৰি দিল্লী বিশ্ববিদ্যালয়ত কেন্দ্ৰীয় চৰকাৰৰ উদ্যোগত ‘শংকৰদেৱ আসন’ প্ৰতিষ্ঠাৰ ব্যৱস্থা ল’বলৈ অনুৰোধ জনাইছিলো।

মামণি বাইদেৱে উত্থাপন কৰা প্ৰস্তাৱ দুটা শ্ৰীমন্ত শংকৰদেৱ আন্তৰ্জাতিক প্ৰতিষ্ঠানৰ ১৯৯৯ চনৰ ৭ আগষ্ট তাৰিখৰ সভাত গৃহীত হোৱাৰ পাছত ইমানদিনে একক আৰু গাইগুটীয়াভাৱে বিভিন্নজনে এই দিশত কৰি অহা একাণপতীয়া উদ্যোগসমূহক প্ৰতিষ্ঠানৰ মঞ্চৰপৰা সংঘবদ্ধ ৰূপ দিয়াৰ সুযোগ এটা ওলাল। আমাৰ সভাত গৃহীত প্ৰস্তাৱৰ বাতৰি স্থানীয় কাকতবোৰে যথেষ্ট গুৰুত্ব সহকাৰে প্ৰকাশ কৰিলে। ইংৰাজী দৈনিক The Assam Tribune কাকতে ১৯৯৯ চনৰ ২০ ছেপ্টেম্বৰ তাৰিখে 'Delhi University : Move to set up Sankardev Chair' শীৰ্ষক বাতৰিত লিখিলে ঃ

"The Srimanta Sankardev International Foundation has decided to set up SANKARDEV CHAIR in Delhi University, which is a long standing demand of the people of Assam. Eminent novelist and Professor, Delhi University, Dr. Mamoni Raisom Goswami who attended the first metting of the new Executive Body of the Foundation as a special guest recently, put forward a proposal to organise 'Srimanta Sankardev Endowment Lecture' jointly by the Delhi University and the Sankardev Foundation in the national capital as an annual event. Dr. Goswami offered her services to the foundation for realisation of these endeavours. Former President of Assam Association of North America Sri Amiya Kumar Das, who was also present as a special guest offerred full cooperation of the Assamese community of North America."

অসমীয়া দৈনিক কাকত ‘দৈনিক অসম’ৰ ১৯৯৯ চনৰ ২৫ অক্টোবৰ সংখ্যাত ‘শংকৰদেৱ আন্তৰ্জাতিক প্ৰতিষ্ঠানৰ আঁচনি’ শীৰ্ষক বাতৰিত লিখিলে ঃ “বিশেষভাৱে নিমন্ত্ৰিত অতিথি হিচাপে আমেৰিকাৰ অসম সংঘৰ প্ৰাক্তন সভাপতি অমিয় কুমাৰ দাস আৰু দিল্লী বিশ্ববিদ্যালয়ৰ অধ্যাপিকা ড° মামণি ৰয়ছম গোস্বামীও এই সভাত উপস্থিত থাকে। সভাত দিল্লী বিশ্ববিদ্যালয়ৰ বহু প্ৰত্যাশিত ‘শংকৰদেৱ আসন’খন শ্ৰীমন্ত শংকৰদেৱ আন্তৰ্জাতিক প্ৰতিষ্ঠানৰ সহযোগত স্থাপনৰ প্ৰস্তাৱ লোৱা হয়। প্ৰতি বছৰে দিল্লী বিশ্ববিদ্যালয়ত

'শংকৰদেৱ স্মাৰক বক্তৃতা' আয়োজনৰো সভাত প্ৰস্তাৱ লোৱা হয়।"

একে গুৰুত্বৰে সদৃশ বাতৰি অন্যান্য কাকত-পত্ৰতো প্ৰকাশ পালে। অসমৰ বৌদ্ধিক জগতৰ এনে সদিচ্ছা আৰু অকুণ্ঠ সহযোগত উৎসাহিত হৈ মই মামণি বাইদেউৰ সহযোগত বিষয়টো ত্বৰান্বিত কৰিবলৈ ব্যৱস্থা গ্ৰহণ কৰিলো। মই বাইদেউক পৰামৰ্শ দিলো যে ইতিমধ্যে যিহেতু দিল্লী বিশ্ববিদ্যালয়ৰ তৰফৰপৰা অসম চৰকাৰলৈ আনুষ্ঠানিক পত্ৰ প্ৰেৰণ কৰি নীতিগতভাৱে বিষয়টো ৰূপায়ণত সন্মতি দি থৈছেই, গতিকে সেই প্ৰসংগ উনুকিয়াই বিশ্ববিদ্যালয়ৰ আধুনিক ভাৰতীয় ভাষা বিভাগৰ মুৰব্বী হিচাপে এইবাৰ বাইদেৱে চৰকাৰলৈ এখন সঁকীয়নি পত্ৰ লিখিব লাগে। বাইদেউৰ কথামতে মই দিল্লী বিশ্ববিদ্যালয়লৈ আমাৰ শ্ৰীমন্ত শংকৰদেৱ আন্তৰ্জাতিক প্ৰতিষ্ঠানৰ প্ৰস্তাৱ আৰু প্ৰতিষ্ঠানৰ প্ৰধান সম্পাদক হিচাপে মোৰ পত্ৰ বিশ্ববিদ্যালয়ৰ উপাচাৰ্যলৈ প্ৰেৰণ কৰিলোঁ। তাৰ ফলত, বিশ্ববিদ্যালয়ে মামণি বাইদেউকে মোৰ জৰিয়তে অসম চৰকাৰৰ সৈতে যোযাযোগৰ কৰ্তৃত্ব দিলে। বাইদেউ ভীষণ তৎপৰ হৈ পৰিল। দিল্লী বিশ্ববিদ্যালয়ৰ 'Department of Modern Indian Languages and Literary Studies'-ৰ পেডত বিভাগটোৰ মূৰব্বীৰ পদমৰ্যাদাৰে ড° ইন্দিৰা গোস্বামীয়ে ২০০৪ চনৰ ৪ এপ্ৰিল তাৰিখে এখন পত্ৰ প্ৰেৰণ কৰিলে। সেইখন মই নি অসমৰ তদানীন্তন মুখ্যমন্ত্ৰী প্ৰফুল্ল কুমাৰ মহন্তক হাতে-হাতে গুৱাহাটীৰ চৰকাৰী বাসভৱনত অৰ্পণ কৰিছিলো। পত্ৰখনৰ পূৰ্ণপাঠ অসমৰ ৰাইজৰ জ্ঞাতাৰ্থে তলত তুলি দিলো ঃ

"Sri Prafulla Mahanta, Chief Minister of Assam, Janata Bhawan, Dispur, Guwahati(Assam). Dated 04.04.2000
(Through Er. Arnab Jan Deka, B.E.(Civil), LL.B.,
General Secretary, Srimanta Sankardev International Foundation)
Honourable Sir,
I would like to mention that our Vice-Chancellor, Prof. V.R. Mehta had already written to your predecessor Sri Hiteswar Saikia on 14th December 1995 (copy enclosed) regarding creation of Chair and for donation of 10 lacs for the annual programme of Guest Lectures. In this letter we had proposed that Government of Assam can donate a sum of Rs. 10 lacs and from the Interest of

this donation, the Depertment of Modern Indian Languages and Literary Studies will hold an annual programme of Guest Lectures along with National Seminar which can be named as 'Sankardev Lectures'. You will kindly appreciate that it is in the interest of Assam that Delhi University (Central University of India) to hold annual lectures in the name of Shankar Dev, the towering personality of the Bhakti Movement from Assam. Awaiting your early reply and again thank you for taking initiative action for academic cause.
With warm regards, Yours sicerely,
Sd/-(Indira Goswami), Professor of Assamese.
PS : In case it is not possible for donation of Rs. 10 lacs, I suggest that atleast a sum of Rs. 5 (Five) lacs may be provided for the said purpose. Sd/-(Indira Goswami)"

এই গুৰুত্বপূর্ণ পত্রখন মুখ্যমন্ত্রীৰ হাতত অর্পণ কৰাৰ সময়ত দিল্লী বিশ্ববিদ্যালয়ত শংকৰদেৱ আসন প্রতিষ্ঠা আৰু প্রতি বছৰে 'শংকৰদেৱ স্মাৰক বক্তৃতা' আয়োজনে মহাপুৰুষগৰাকীৰ প্রতিভা সম্পর্কে সমগ্র ভাৰতবর্ষ আৰু আন্তর্জাতিক স্তৰৰ বিদ্বান মহলত কেনে সুদূৰপ্রসাৰী প্রভাৱ পেলাব, সেই সম্পর্কত মই মুখ্যমন্ত্রীৰ আগত সবিস্তাৰে ব্যাখ্যা কৰিছিলোঁ। তদুপৰি ১৯৬৮ চনৰপৰা এই দিশত অধ্যক্ষ ভৱানন্দ ডেকাৰ নেতৃত্বত লৈ অহা উদ্যোগৰ বিতং খতিয়ানো দাঙি ধৰিছিলো। অসম চৰকাৰৰ বাবে দহ বা পোন্ধৰ লাখ টকা এই মহৎ উদ্দেশ্যত দিল্লী বিশ্ববিদ্যালয়লৈ আগবঢ়োৱাটো যে কোনো অসাধ্য কর্ম নহয়, সেই বিষয়েও মুখ্যমন্ত্রীক পতিয়ন নিয়াবলৈ চেষ্টা কৰিছিলো।

নির্বাচন আহিল। চৰকাৰ সলনি হ'ল। নতুন মুখ্যমন্ত্রী তৰুণ গগৈকো মই বিষয়টো সন্দর্ভত ২০০৩ চনৰ ডিচেম্বৰ মাহত সাক্ষাৎ কৰি ইতিপূর্বে বিশ্ববিদ্যালয়ৰ তৰফৰপৰা উপাচার্য আৰু বিভাগীয় মুৰব্বীয়ে অসমৰ পূর্ববর্তী দুগৰাকী মুখ্যমন্ত্রীলৈ প্রেৰণ কৰা ঐতিহাসিক পত্র দুখনৰ প্রতিলিপি অর্পণ কৰিছিলো আৰু বিষয়টো সন্দর্ভত নিজা তৎপৰতা গ্রহণ কৰি অসমবাসীৰ দীর্ঘদিনীয়া স্বপ্নক বাস্তৱ ৰূপ দিয়াত আগভাগ ল'বলৈ অনুৰোধ জনাইছিলো।

অধ্যক্ষ ভৱানন্দ ডেকা আৰু ড° মামণি ৰয়ছম গোস্বামী জীয়াই থাকোতেই ২০০৬ চনৰ ১ ছেপ্টেম্বৰ সংখ্যাৰ 'প্রান্তিক' আলোচনীত এই সকলোবোৰ কথা আলোচনা কৰি মই

এটা প্ৰচ্ছদ নিৱন্ধ লিখিলোঁ। মোৰ প্ৰৱন্ধৰ ভিত্তিত 'দা টাইমছ অৱ ইণ্ডিয়া' কাকতে মামণি বাইদেউৰ লগতে মোৰো সাক্ষাৎকাৰ গ্ৰহণ কৰি বাতৰি প্ৰকাশ কৰাৰ ফলত সৰ্বভাৰততে আলোড়নৰ সৃষ্টি হৈছিল।সেইপ্ৰৱন্ধৰ পৰিপ্ৰেক্ষিতত অসমত সৃষ্টি হোৱা অভূতপূৰ্ব জনজাগৰণৰ ফলত মুখ্যমন্ত্ৰীয়ে শংকৰদেৱ আসন প্ৰতিষ্ঠাৰ বাবে দিল্লী বিশ্ববিদ্যালয়লৈ দহ লাখ টকা অনুদান ঘোষণা কৰিবলৈ বাধ্য হয়। ২০০৬ চনৰ বাৰ ছেপ্টেম্বৰত কাকতত প্ৰকাশিত মুখ্যমন্ত্ৰীৰ ঘোষণা পঢ়ি মোৰ দেউতাই পৰম সন্তুষ্টি লাভ কৰি তেখেতৰ ডায়েৰীত কৰি থোৱা টোকাই তেখেতৰ জীৱনৰ শেষ দিনলিপি হৈ থাকিল।

২০০৬ চনৰ ৪ ডিচেম্বৰত অতি আকস্মিকভাৱে মোৰ দেউতাৰ মহাপ্ৰয়াণ ঘটাৰ পাছত ১৪ ডিচেম্বৰত অনুষ্ঠিত আদ্যশ্ৰাদ্ধ অনুষ্ঠানত মামণি বাইদেউ উপস্থিত থাকি দেউতাৰ প্ৰতি শ্ৰদ্ধাঞ্জলি প্ৰকাশ কৰি আমাৰ শোকৰ সমভাগী হৈছিল। বাইদেউৰ সেই আন্তৰিক আত্মীয়তা আমাৰ পৰিয়ালৰ বাবে পাহৰিব নোৱাৰা স্মৃতি। গুণী অগ্ৰজক সন্মান আগবঢ়োৱাত মামণি বাইদেউৰ আগ্ৰহ আৰু উদ্যমৰ এয়া এক জীয়া নমুনা। তাৰ পাছত বাইদেৱে মোৰ দেউতাৰ প্ৰতি শ্ৰদ্ধাঞ্জলি জনাই লিখিছিল ঃ "মই দিল্লী বিশ্ববিদ্যালয়ত অসমীয়াৰ অধ্যাপক হোৱাৰ পাছৰ পৰাই আধুনিক ভাৰতীয় ভাষা বিভাগত শ্ৰীভৱানন্দ ডেকাচাৰৰ উপদেশমৰ্মে শ্ৰীমন্ত শংকৰদেৱৰ নামত আসন প্ৰতিষ্ঠাৰ বাবে দেহেকেহে লাগিছিলো। এই কামত মোক ডেকাচাৰৰে ল'ৰা অৰ্ণৱ জান ডেকাই খুব সহায় কৰিছে। আমাৰ যোগাযোগত দিল্লী বিশ্ববিদ্যালয়ে শংকৰদেৱ আসন প্ৰতিষ্ঠাত সহযোগ কৰিছিল। অসমৰ চৰকাৰে দহ লাখ টকা দিব বুলিও ঘোষণা কৰিছে। পিছে কামটোত আগভাগ লোৱা মানুহজনে শংকৰদেৱ আসন প্ৰতিষ্ঠা চাই যাবলৈ নাপালে।"

কিন্তু, পৰম সন্তাপৰ বিষয় যে মামণি বাইদেৱেও দিল্লী বিশ্ববিদ্যালয়ত শংকৰদেৱ আসন প্ৰতিষ্ঠা চাই যাবলৈ নাপালে। অসমীয়া মানুহৰ সোৰোপালি আৰু পাহৰণি ইয়াৰ বাবে দায়ী। দুহেজাৰ ছয় চনত মোৰ পিতৃবিয়োগৰ পৰা আজিলৈকে দিল্লী বিশ্ববিদ্যালয়ত শংকৰদেৱ আসন প্ৰতিষ্ঠা আৰু বাৰ্ষিক বক্তৃতামালা আয়োজনত মই অসমীয়া জাতিৰ পৰা কোনো সহায়-সহযোগ নাপালো। আনকি, মামণি বাইদেউৰ বিয়োগৰ পাছতো তেখেতৰ এই অন্তিম আশাৰ বিষয়ে অসমৰ সংবাদ মহলত পৰ্যাপ্ত আলোচনা নহ'ল। বাইদেউৰ দেহাৱসানৰ দিনা কেৱল ৰাষ্ট্ৰীয় বাতৰি কাকত 'দ্য টাইমছ অৱ ইণ্ডিয়া' কাকতে হে এই গুৰুত্বপূৰ্ণ কথাটো মনত পেলাই মোৰ সাক্ষাৎকাৰ লৈছিল, আৰু মোৰ বক্তব্যৰ ভিত্তিতে ত্ৰিশ নৱেম্বৰ দুহেজাৰ এঘাৰ তাৰিখে কাকতখনে এটা

গুৰুত্বপূৰ্ণ বাতৰি প্ৰকাশ কৰিছিল। বাতৰিটোত লিখিছিল ঃ

" **Writer's dream to set up Sankardev chair in Delhi University remains unfulfilled**

Times News Network, Guwahati : Mamoni Raisom Goswami dreamt of setting up a chair in the name of Srimanta Sankardev in Delhi University since 1995. However, she did not live long enough to fulfill her dream.

"When she was still healthy, we met the vice-chancellor of Delhi University but he informed us that the state government had made no proposal yet," said Arnab Jan Deka, general secretary of Srimanta Sankardev International Foundation.

To set up the chair, the Assam governemtn had to formally convey its decision to the university authorities, follow it up with the money and get the approval of the UGC. Sadly, the state government never communicated this to the DU authorities and the chair remained a wish. The chair would have a full-time professor who must be as qualified as a university professor and have high quality research and scholarly work to his credit. Endowment lectures would be delivered annually and scholars will be expected to deliver a series of lectures on a chosen topic.

Mamoni often told Deka, "I may never see the chair happening in my lifetime" and her fears have come true."

অতি আশ্চৰ্যৰ কথা যে মামণি বাইদেউৰ মৃত্যুৰ বাতৰিৰ লগতে এনে এটা অতি গুৰুত্বপূৰ্ণ বাতৰি ভাৰতৰ শীৰ্ষস্থানীয় কাকতখনে প্ৰকাশ কৰাৰ পাছতো অসমীয়াৰ মাজত সামান্য জাগৰণো দেখা নগ'ল। এনে এটা কৃতজ্ঞতাহীন জাতিয়ে দৰাচলতে মামণি বাইদেউৰ একান্ত হেঁপাহটো পূৰণত বাধা দি তেখেতক তীব্ৰ মানসিক সন্তাপ দি অকাল মৃত্যুৰ ফালে আগুৱাই দিলে বুলিহে মই অনুভৱ কৰো। তেখেত দিল্লী বিশ্ববিদ্যালয়ত কৰ্মৰতা হৈ থকা সময়তে শংকৰদেৱ আসনখন প্ৰতিষ্ঠা হোৱাহেতেন তেখেতেই যে আসন শুৱনি কৰা প্ৰথমগৰাকী অধ্যাপক হ'লহেতেন, তাত সন্দেহ নাই। মামণি বাইদেউৰ দৰে

বিশ্ববৰেণ্যা সাহিত্যিকগৰাকী দিল্লী বিশ্ববিদ্যালয়ৰ শংকৰদেৱ আসনৰ প্ৰথমগৰাকী অধ্যাপিকা হ'লে মহাপুৰুষ শংকৰদেৱৰ নামো যে সৰ্বভাৰতীয় আৰু আন্তৰ্জাতিক স্তৰত জনাজাত হৈ উঠিলহেতেন, সেয়া নিশ্চিত আছিল।

১৯৬৮ চনত অধ্যক্ষ ভৱানন্দ ডেকা প্ৰভৃতিয়ে মিলি আৰম্ভ কৰা দিল্লী বিশ্ববিদ্যালয়ত অসমীয়া ভাষা-সাহিত্য আৰু শংকৰদেৱ আসন প্ৰতিষ্ঠা অভিযান আজি সাফল্যৰ পদুলিত থিয় হৈছে। ৰাইজে মন কৰিলে অচিৰেই দিল্লী বিশ্ববিদ্যালয় প্ৰাংগণ শংকৰ স্মৰণেৰে মুখৰিত হৈ উঠিব বুলি আমাৰ দৃঢ় বিশ্বাস আছে।

(প্ৰান্তিক, ১ ছেপ্টেম্বৰ, ২০০৬ : গৰীয়সী, ফেব্ৰুৱাৰী, ২০১২)

বেলজিয়ামৰ দুই সত্ৰীয়া নৃত্যশিল্পী তথা অভিনেত্ৰী এমেলি হেমাৰশোই আৰু বেবেট খ্ৰীষ্টেনছেনৰ সৈতে অন্তৰংগ মুহূৰ্তত গ্ৰন্থকাৰ অৰ্ণৱ জান ডেকা

বৃন্দাৱনী বস্ত্ৰ ঃ বিদেশত শংকৰী কলাৰ প্ৰচাৰ

১৯৯৬ চনত শ্ৰীমন্ত শংকৰদেৱৰ জীৱন আধাৰিত তথ্যচিত্ৰ এখন নিৰ্মাণ কৰিছিলো। সেই প্ৰসংগতে বৃন্দাৱনী বস্ত্ৰ সম্পৰ্কত আমাৰ তৰফৰ পৰা খা-খবৰ কৰোতে ইংলেণ্ডৰ ভিক্টোৰিয়া এলবাৰ্ট মিউজিয়ামত বস্ত্ৰখনিৰ টুকুৰা এটা যতনেৰে সংগ্ৰহ কৰি থোৱাৰ খাটাং খবৰ এটা পাইছিলো। সেই মিউজিয়ামত বৃন্দাৱনী বস্ত্ৰৰ টুকুৰাটো দেখিয়েই অসমৰ প্ৰাচীন বস্ত্ৰশিল্পৰ পৰম্পৰা সম্পৰ্কে আগ্ৰহী হৈ অসমৰ ভ্ৰমণ কৰি বিশুদ্ধ অসমীয়া বস্ত্ৰৰ চানেকি সংগ্ৰহ কৰি নিয়া বৃটিছ মহিলা এগৰাকীকো লগ পাইছিলো। সেই মিউজিয়ামত বৃন্দাৱনী বস্ত্ৰৰ লগতে অসমীয়া সাঁচিপাতৰ পুথিও ভালেখিনি বিজ্ঞানসন্মতভাৱে সংৰক্ষণ কৰি থোৱা আছে। এইবোৰ সংগ্ৰহে বিদেশত শংকৰী কলাৰ প্ৰচাৰত সামান্যভাৱে হ'লেও যে অৰিহণা যোগাই আছে, সেই কথা বোধহয় কোনেও অস্বীকাৰ কৰিব নোৱাৰিব।

মই পৰিচালনা কৰা তথ্যচিত্ৰখন ১৯৯৭ চনত আমেৰিকা যুক্তৰাষ্ট্ৰৰ আটলাণ্টিক চিটি আৰু ছমাৰছেট চহৰত ৰাজহুৱাভাৱে প্ৰদৰ্শিত হোৱাৰ পাছত শ্ৰীমন্ত শংকৰদেৱ ব্যক্তিজনা আৰু তেৰাৰ বৈচিত্ৰ্যময় কলাকৃতি সম্পৰ্কত আমেৰিকান গৱেষক আৰু কলা অনুৰাগীৰ অভূতপূৰ্ব কৌতূহল আৰু আগ্ৰহে আয়োজকসকলৰ লগতে মোকো অভিভূত কৰিছিল। কলাপ্ৰেমীৰ দাবী আৰু পৃষ্ঠপোষকতাতে তথ্যচিত্ৰখন কানাডা, বৃটেইন আৰু ছুইজাৰলেণ্ডতো প্ৰদৰ্শিত হোৱাটো তাৎপৰ্যপূৰ্ণ সাংস্কৃতিক ঘটনা বুলিয়েই আমি বিবেচনা কৰিছিলো। ছুইজাৰলেণ্ডৰ জাতীয় সংগ্ৰহালয়ৰ সঞ্চালক-প্ৰধানে স্বয়ং মোৰ সৈতে যোগাযোগ কৰি তথ্যচিত্ৰখনৰ কপি এটা সেই মিউজিয়ামত সংৰক্ষণৰ বাবে মোৰপৰা সংগ্ৰহ কৰি নিছিল। তথ্যচিত্ৰখনৰ মূল কপিটো এতিয়া আমেৰিকাত বিজ্ঞানসন্মতভাৱে সংৰক্ষিত হৈ থকা বাবে মই তথ্যচিত্ৰখনৰ ভৱিষ্যৎ সম্পৰ্কত আশ্বস্ত হৈ আছো।

এতিয়া আহোঁ অসমত সংৰক্ষণৰ প্ৰসংগলৈ। অসমত আমি একো প্ৰাচীন কীৰ্তিকেই বিজ্ঞানসন্মতভাৱে সংৰক্ষণ কৰি দেখুৱাব পৰা নাই। আমি বলে নোৱাৰা কামটো বৃটেইন-ছুইজাৰলেণ্ড-আমেৰিকা যুক্তৰাষ্ট্ৰই কৰা বাবে আমি সন্তোষহে পাব লাগে। অসমলৈ তেনে সম্পদবোৰ ঘূৰাই আনি জহি-খহি নষ্ট হৈ যাবলৈ দিয়াতকৈ বিদেশতে সুন্দৰভাৱে সংৰক্ষিত হৈ থকাই বাল বুলি আমাৰ দৰে ভুক্তভোগীয়ে অনুভৱ কৰো। সম্প্ৰতি ৰাজনৈতিক টনাটনি, দুৰ্নীতি আৰু জাতীয় চৰিত্ৰহীনতাৰ বাবে অসমত আমি একো ৰাজহুৱা কাম নিয়াৰিকৈ কৰিবলৈ নিশিকিলো। দায়িত্ববোধ নোহোৱা জাতীয় চৰিত্ৰৰে নতুন দায়িত্ব ল'বলৈ কাকো প্ৰৰোচিত কৰিবলৈ আগ্ৰহ নজন্মে। শংকৰী কলাসমূহকে সংৰক্ষণ কৰিম বুলি ধৰ্মীয় পৰিসৰৰ বাহিৰত মোৰ ব্যক্তিগত উদ্যোগেৰে 'শ্ৰীমন্ত শংকৰদেৱ আন্তৰ্জাতিক প্ৰতিষ্ঠান' নামেৰে বেচৰকাৰী স্বেচ্ছাসেৱী সংস্থা এটা গঢ়িছিলো। আমাৰ কাৰ্যসূচীৰ প্ৰতি আগ্ৰহী হৈ বিভিন্নজনে আগবঢ়োৱা দান-বৰঙণিৰে বুজন পৰিমাণৰ ধন সংগ্ৰহো হৈছিল। টকা দেখিয়েই বলিয়া হৈ উঠি কেইবাজনো মূধাফুটা ব্যক্তিয়ে ছল-চক্ৰান্ত কৰি পুঁজিৰ গোটেই টকাখিনি হস্তগত কৰি আত্মসাৎ কৰি থ'লে। পুলিচ কেছৰপৰা গৈ ঘটনা বৰ্তনাম ফৌজদাৰী আদালত পাইছেগৈ। এয়া এটা সংগঠনৰে ইতিহাস নহয়, দুৰ্ভাগ্যজনক হ'লেও এয়া আমাৰ সামগ্ৰিক জাতীয় চৰিত্ৰ হৈ পৰিছে। এনে এটা পৰিস্থিতি চলি থাকোতে বৃন্দাৱনী বস্ত্ৰ অসমলৈ ঘূৰাই অনাৰ বাবে হৈ-চৈ কৰাৰ দৰকাৰ নাই বুলি আমি অনুভৱ কৰো।

এই আপাহতে জনাই থওঁ যে শ্ৰীমন্ত শংকৰদেৱ আন্তৰ্জাতিক প্ৰতিষ্ঠানৰ কলা শাখাৰ আহ্বায়ক, বিশিষ্ট চিত্ৰশিল্পী নীলপৱন বৰুৱাই প্ৰতিষ্ঠানৰ সভাত আগবঢ়োৱা প্ৰস্তাৱ অনুসৰি সেই প্ৰতিষ্ঠান আৰু অসম ফাউণ্ডেছন-ইণ্ডিয়া নামৰ অন্য এটা স্বেচ্ছাসেৱী সংগঠনৰ যৌথ উদ্যোগত বৃন্দাৱনী বস্ত্ৰ বৈ উলিওৱাৰ ব্যয়বহুল প্ৰজেক্ট এটা ইতিমধ্যে আৰম্ভ কৰা হৈছে। এইক্ষেত্ৰত ভিক্টোৰিয়া এলবাৰ্ট মিউজিয়ামত থকা বস্ত্ৰৰ টুকুৰাটোকেই আৰ্হি ৰূপে গ্ৰহণ কৰা হ'ব বুলিও সিদ্ধান্ত লোৱা হৈছে।

(প্ৰান্তিক, ১ নৱেম্বৰ ২০০২)

টোকা ঃ ‘প্রান্তিক’ আলোচনীত মোৰ এই লেখাটো ২০০২ চনত প্রকাশ পোৱাৰ পাছতেই অসমজুৰি তীব্র আলোড়ণৰ সৃষ্টি হৈছিল আৰু বহুকেইজন আর্থিকভাৱে যোত্ৰৱান লোকে লণ্ডনলৈ যাত্রা কৰি বৃন্দাৱনী বস্ত্রখনি চোৱাৰ হেঁপাৰ প্রদর্শন কৰিছিল। তাৰে ভিতৰত এজনে কিছু ঘৰুৱা ভিডিও চিত্র তুলি আনি তাকে তথ্যচিত্র বুলি অসমত প্রদর্শন কৰি খ্যাতি বুটলিছিল।

শেহতীয়াভাৱে, অসম বিধান সভাৰ অধ্যক্ষ ৰঞ্জিত কুমাৰ দাসে লণ্ডনত সংৰক্ষিত সেই বৃন্দাৱনী বস্ত্র দর্শনৰ হেঁপাহ কৰি মোক তেখেতৰ চৰকাৰী বাসভৱনলৈ মতাই নি বস্ত্রখনি সংৰক্ষণ কৰি ৰখা মিউজিয়ামৰ সবিশেষ তথ্য মোৰ পৰা সংগ্রহ কৰি নিয়ে। মই তেখেতক লণ্ডনৰ ভিক্টোৰিয়া এণ্ড এলবার্ট মিউজিয়ামত সংৰক্ষিত বৃন্দাৱনী বস্ত্রৰ টুকুৰাটোহে শংকৰদেৱৰ জীৱনকালত বোৱা প্রকৃত বস্ত্র আৰু আনহাতে বৃটিছ মিউজিয়ামত ৰখা বৃন্দাৱনী বস্ত্রৰ

লণ্ডনত সংৰক্ষিত সেই বৃন্দাৱনী বস্ত্র দর্শনৰ বাবে যাত্রা কৰাৰ প্রাকমুহূর্তত অসম বিধান সভাৰ অধ্যক্ষ ৰঞ্জিত কুমাৰ দাসে অর্ণৱ জান ডেকাৰ পৰা অধ্যক্ষ ভৱানন্দ ডেকাই প্রণয়ন কৰা শংকৰদেৱৰ ‘কীর্ত্তন-ঘোষা’ৰ ইংৰাজী গদ্যানুবাদ গ্রন্থখনি লণ্ডন আৰু পেৰিছৰ মিউজিয়াম-লাইব্রেৰীত উপহাৰ দিবলৈ গ্রহণ কৰা অৱস্থাত (২০১৬)

টুকুৰাখিনি প্ৰকৃততে শংকৰদেৱৰ মহাপ্ৰয়াণৰ পাছত আনে বোৱা কেবাশতিকা পাছৰ নকল বস্ত্ৰ বুলি বুজাই দিও। তেখেতে বৃন্দাৱনী বস্ত্ৰ দৰ্শনৰ বাবে ২০১৬ চনৰ ডিচেম্বৰত লণ্ডন আৰু পেৰিছলৈ যাওতে মিউজিয়াম কৰ্তৃপক্ষৰ লগতে বৃটিছ নেশ্বনেল লাইব্ৰেৰী আৰু পেৰিছ লাইব্ৰেৰীত অসমৰ ৰাইজৰ হৈ উপহাৰ দিবলৈ মোৰ সম্পাদনাত ৪ ডিচেম্বৰ ২০১৬ তাৰিখে প্ৰকাশ পোৱা আৰু কেম্ব্ৰিজ ইউনিভাৰচিটিৰ বিশিষ্ট স্কলাৰ তথা অসমৰ শীৰ্ষস্থানীয় গৱেষক ডঃ হীৰেন গোহাঁয়ে উন্মোচন কৰা মোৰ পিতৃ অধ্যক্ষ ভৱানন্দ ডেকাই দেহাৱসানৰ পূৰ্বে প্ৰণয়ন কৰি থৈ যোৱা মহাপুৰুষ শ্ৰীমন্ত শংকৰদেৱৰ কালজয়ী গ্ৰন্থ 'কীৰ্ত্তন-ঘোষা'ৰ ইংৰাজী গদ্য অনুবাদ মহাগ্ৰন্থখনিৰ বহুকেইটা কপি মোৰ পৰা সংগ্ৰহ কৰি নিয়ে। তেখেতে অসমত কিছুদিনৰ বাবে বৃন্দাৱনী বস্ত্ৰ প্ৰদৰ্শন কৰাৰ বাবে চৰ্তসাপেক্ষে প্ৰেৰণ কৰিবলৈকো মিউজিয়াম কৰ্তৃপক্ষক সৈমান কৰায়। এয়া মোক দীৰ্ঘদিনীয়া প্ৰচেষ্টাৰে সুফল বুলি গণ্য কৰিছো।।

লণ্ডনৰ ভিক্টোৰিয়া এণ্ড এলবাৰ্ট মিউজিয়ামত সংৰক্ষিত বৃন্দাৱনী বস্ত্ৰৰ টুকুৰাটো পৰিদৰ্শন কৰা মুহূৰ্তত অসম বিধান সভাৰ অধ্যক্ষ ৰঞ্জিত কুমাৰ দাস

প্ৰসঙ্গ পুথি

১। কীৰ্ত্তন-ঘোষা --- শ্ৰীমন্ত শঙ্কৰদেৱ
২। ভক্তি-প্ৰদীপ --- শ্ৰীমন্ত শঙ্কৰদেৱ
৩। শ্ৰীমদ্ভাগৱত দশম স্কন্ধ (আদি ছোৱা) --- শ্ৰীমন্ত শঙ্কৰদেৱ, (সম্পাদক - হৰিনাৰায়ণ দত্তবৰুৱা), দত্তবৰুৱা এণ্ড কোম্পেনী, দ্বিতীয় সংস্কৰণ, ১৯৬২
৪। সটীক নামঘোষা --- শ্ৰীশ্ৰীমাধৱদেৱ, (ব্যাখ্যাকাৰ - হৰিনাৰায়ণ দত্তবৰুৱা), দত্তবৰুৱা এণ্ড কোম্পেনী, ১৮৭৪ শক
৫। শ্ৰীমদ্ভাগৱত (সম্পূৰ্ণ) --- শ্ৰীমন্ত শঙ্কৰদেৱ, গোপালচৰণ, জয়নাৰায়ণ, কলাপচন্দ্ৰ, বিষ্ণুভাৰতী, শ্ৰীচন্দ্ৰদেৱ, ৰত্নাকৰ, অনিৰুদ্ধদেৱ, শ্ৰীচন্দ্ৰভাৰতী, কেশৱচৰণ আৰু অনন্তকন্দলী বিৰচিত, (সম্পাদক - হৰিনাৰায়ণ দত্তবৰুৱা), দত্তবৰুৱা এণ্ড কোম্পেনী, অষ্টম সংস্কৰণ, ১৯৭৬
৬। গুৰুচৰিত --- ৰামচৰণ ঠাকুৰ, (সম্পাদক - হৰিনাৰায়ণ দত্তবৰুৱা), দত্তবৰুৱা এণ্ড কোম্পেনী, প্ৰথম সংস্কৰণ, ১৯৪৮
৭। গুৰুচৰিত --- দৈতাৰী ঠাকুৰ
৮। গুৰুচৰিত --- ভূষণ দ্বিজ
৯। গুৰুচৰিত --- ৰমানন্দ দ্বিজ
১০। গুৰুচৰিত (বৰদোৱা চৰিত)
১১। শ্ৰীভাগৱত কথা --- কবিৰত্ন বৈকুণ্ঠনাথ ভাগৱত ভট্টাচাৰ্য্য 'ভট্টদেৱ', লয়াৰ্ছ বুক ষ্টল, তৃতীয় সংস্কৰণ, ১৯৭০
১২। মহাপুৰুষ শ্ৰীশংকৰদেৱ আৰু শ্ৰীমাধৱদেৱ --- লক্ষ্মীনাথ বেজবৰুৱা, প্ৰকাশক- ভোলানাথ বৰুৱা, প্ৰথম সংস্কৰণ, ১৯১৪
১২। শংকৰদেৱ --- ডঃ বাণীকান্ত কাকতী, ১৯২১
১৩। Descriptive Catalogue of Assamese Manuscripts --- Hemchandra Goswami, University of Calcutta, 1st Edition, 1930
১৪। History of Vaishnavism in India and Raslila of Shri Krishna --- Lakshminath Bezbaroa, Baroda State Press, 1st Edition, 1934
১৫। The Religion of Love and Devotion --- Lakshminath

Bezbaroa, Assam Sahitya Sabha, 1st Combined Edition, 1968

১৬। Studies in the History of Assam --- Dr Suryya Kumar Bhuyan, Srimati Laksheswari Bhuyan, 1st Edition, 1965

১৭। Sankaradeva : Vaisnava Saint of Assam --- Dr Birinchi Kumar Barua, (Forewored - Dr Rajendra Prasad, 1st President of India), Assam Academy for Cultural Relations, 1st Edition, 1960

১৮। A Cultural History of Assam --- Dr. Birinchi Kumar Baruah, Lawyer's Book Stall, 2nd Edition, 1969

১৯। কথা গুৰুচৰিত, (সম্পাদক - উপেন্দ্ৰ নাথ লেখাৰু), ১৯৬৪

২০। গুৰুচৰিত কথা, (সম্পাদক - ডঃ মহেশ্বৰ নেওগ), গুৱাহাটী বিশ্ববিদ্যালয়, প্ৰথম সংস্কৰণ, ১৯৮৭

২১। Sankaradeva and His Times : Early History of the Vaisnava Faith and Movement in Assam --- Dr Maheswar Neog, Lawyer's Book Stall, 3rd Edition, 1998

২২। Sankaradeva --- Dr Maheswar Neog, National Book Trust, 1966

২৩। Sreemanta Sankaradeva -- Prof. Bhabananda Deka, 1st Edition, 2003, 2nd Edition, Assam Foundation-India & Srimanta Sankardev Antarjatik Pratisthan, 2015

২৪। Studies in Early History and Administration in Assam --- Dr B. N. Puri, Gauhati University, 1st Edition, 1968

২৫। Teachings of Sri Sankaradeva (edit.), Sankar Jyoti Association, Chandigarh, 1st Edition, 1977

২৬। Occasional Speeches and Writings --- Dr Sarvapalli Radhakrishnan, President of India, Publication Division, Government of India, 1st Edition, 1959

২৭। A Socio-Economic AND Cultural History of Medieval Assam (1200-1800 A.D.) --- Dr. Satyendranath Sarma, Government of Assam, 1st Edition, 1989

২৮। Sankaradeva's KIRTAN GHOSA (English Prose

Rendition)-- Prof. Bhabananda Deka, 1st Edition, 2006; 2nd Edition, Assam Foundation-India & Srimanta Sankardev Antarjatik Pratisthan, 2016

২৯। শ্ৰীশ্ৰী শংকৰদেৱ --- ডঃ মহেশ্বৰ নেওগ, লয়াৰ্ছ বুক ষ্টল, তৃতীয় সংস্কৰণ, ১৯৫৮

৩০। শ্ৰীশ্ৰী মাধৱদেৱ --- ডঃ মহেশ্বৰ নেওগ, শ্ৰীমন্ত শংকৰদেৱ সংঘ, প্ৰথম সংস্কৰণ, ১৯৮৯

৩১। পৱিত্ৰ অসম --- ডঃ মহেশ্বৰ নেওগ, অসম সাহিত্য সভা, লয়াৰ্ছ বুক ষ্টল, তৃতীয় সংস্কৰণ, ১৯৯১

৩২। অসমীয়া সাহিত্যৰ ৰূপৰেখা --- ডঃ মহেশ্বৰ নেওগ, চন্দ্ৰ প্ৰকাশ, সপ্তম সংস্কৰণ, ১৯৮৭

৩৩। অসমীয়া সাহিত্যৰ ইতিবৃত্ত --- ডঃ সত্যেন্দ্ৰ নাথ শৰ্মা, বাণী প্ৰকাশ মন্দিৰ, তৃতীয় সংস্কৰণ, ১৯৬৩

৩৪। মহাপুৰুষ শংকৰদেৱ --- বাপচন্দ্ৰ মহন্ত, প্ৰথম সংস্কৰণ, ১৯৬৪

৩৫। ভাৰতীয় জনগণৰ সংস্কৃতি আৰু বুৰঞ্জী ঃ বৈদিক যুগ, (সম্পাদক - ডঃ আৰ চি মজুমদাৰ), অসম অকাডেমী ফৰ কালচাৰেল ৰিলেচনচ্, প্ৰথম সংস্কৰণ, ১৯৬৮

৩৭। বেদৰ পৰিচয় --- ডঃ যোগীৰাজ বসু, অসম প্ৰকাশন পৰিষদ, প্ৰথম সংস্কৰণ, ১৯৭২

৩৮। ভাৰতৰ ইতিহাস --- ডঃ জি জি কৌশাম্বী, অনুবাদ - ডঃ বীৰেন্দ্ৰ কুমাৰ ভট্টাচাৰ্য, অসম প্ৰকাশন পৰিষদ, প্ৰথম সংস্কৰণ, ১৯৭৩

৩৯। অসমৰ সংস্কৃতি --- ডঃ লীলা গগৈ, বনলতা, পঞ্চম সংস্কৰণ, ১৯৯৫

৪০। বৰদোৱা ।। স্মৃতিগ্ৰন্থ --- শ্ৰীশ্ৰীবটদ্ৰৱা থান পৰিচালনা সমিতি, ১৯৭৬

৪১। ভাৰতকোষ --- ডঃ হৰিনাথ শৰ্মা দলৈ, পদ্মপ্ৰিয়া লাইব্ৰেৰী, ১৯৭৭

৪২। কোচ ৰাজবংশী জাতিৰ ইতিহাস আৰু সংস্কৃতি --- অম্বিকাচৰণ চৌধুৰী, ৰত্নপীঠ প্ৰকাশন, দ্বিতীয় প্ৰকাশ, ১৯৯৩

৪৩। শ্ৰীমন্ত শংকৰদেৱ কলাক্ষেত্ৰ, উদ্বোধনী উৎসৱৰ স্মাৰক গ্ৰন্থ, ১৯৯৮

৪৪। "নামঘৰ আৰু নাৰী" --- নলিনী প্ৰভা ডেকা, প্ৰান্তিক, ১৬-৩১ মে' ২০০০

৪৫। শ্ৰীমন্ত শংকৰদেৱ ঃ সমাজ আৰু সংস্কৃতি, (সম্পাদক - ডঃ প্ৰদীপজ্যোতি মহন্ত), পূবেৰুণ প্ৰকাশ, প্ৰথম সংস্কৰণ, ২০০০

ABOUT THE AUTHOR

Arnab Jan Deka

From Wikipedia, the free encyclopedia

Arnab Jan Deka is a novelist, short story writer, poet, playwright, screenwriter, documentary film director, columnist, TV actor, jurist, river engineer and eco-technocrat.[1][2][3] He authored 131 fiction and non-fiction books (two of them being co-authored with British and American authors respectively) and edited 14 more books in English, Assamese, Hindi and Bengali. He was also editor of a journal and a newspaper.[4] India Government's official Academy of Letters Sahitya Academy incorporated his biography as one among the top Indian writers of the 20th Century in the End Century Edition of Who's Who of Indian Writers 1999.[5] 'NE Live' listed him as one of the "Top 5 Contemporary Writers from Assam who have made it big outside the state also" which include such other literary stalwarts like Dr Indira Goswami, Homen Borgohain and Nirupama Borgohain, who "have not only contributed to the literary wealth of the state, they have also enlightened the world about the life and culture of Assam through their writing."[1] In a critical literary essay 'New generation of storytellers' he has been described as one among "the bunch of most powerful storytellers" who "delved deep into the spiritual and intellectual heritage along the Brahmaputra valley, and also highlighted its environmental fragility."[6]

He is the recipient of Assam Government's Publication Board Golden Jubilee Novel Award in 2006 for his classical novel Bhaba Ananda Sambad ('Tales of Bhabananda').[2][3] Katha International Short Story Festival held in New Delhi in January, 2004, awarded him with the Katha-Goriyoshi Award for his short-story Himalayan Mystic Meeting.[7] He is also recipient of Acharya Prafulla Chandra Ray Memorial Award (Smarak Samman) 2010 in Calcutta, conferred upon him in recognition of his lifetime contributions to literature, art and scientific research.[8]

He is the international chairman of the Indo-British environmental project Save the Brahmaputra River.[9][10]

He was the youngest Indian radio playwright. His first radio-play Mukti('Freedom') was broadcast by All India Radio in 1981 while he was a school student. His first authored book Ephanki Rhode ('A Stanza of Sunlight') was published in 1983.[5][11][12][13]

His documentary film on saint-artist-littérateur Srimanta Sankardev had been publicly screened in several countries.[14]

First Assamese co-author of Indo-British book of poetry

Arnab Jan Deka is the first creative writer in Assamese to have co-authored an Indo-British book of poetry with British poet and novelist Tess Joyce in 2009 entitled A Stanza of Sunlight on the Banks of Brahmaputra.[12] The book received wider international success, as many leading newspapers carried exclusive coverage on this publication.[1][15][16][17] In a major critical writing in The Book Review journal, eminent literary critic and poet N Kalyani describes its poetry in these words- "Poems have a spatial and temporal location and context and relevant and significant to that, yet they are also universal in their theme and substance and not restricted to a period of time making them obsolete or decrepit for another or a future time period." In the same essay, the critic's admiration of Arnab Jan Deka's poetry has been evident, when she describes- "And in These Small Thoughts Deka reveals what Umananda is, A tiny river island amidst the mighty river Brahmaputra near the prehistoric city of Pragjyotishpur, known by its modern name Guwahati now, in a way that brings the image so alive: The tiny rivulet reflect a myriad of colour/The distant Umananda--a majestic aloof lily pad/The blackish riverbank with flowing wind/The cities dreaming of fleeced nomad/ Besides the tidal marina."[18] This book found a place of pride in the prestigious London Poetry Library, which is the first official recognition to an Assamese poet by the famous British institution devoted to poetry.[19]

His first book Ephanki Rhode ('A Stanza of Sunlight'), published in 1983 while he was a minor school student of 10th standard, established him as a major poet and author in Assamese language.[1][20] Jnanpeeth Award winner top Indian littérateur and Sahitya Academy President Dr Birendra Kumar Bhattacharya discovered this budding literary talent and officially brought the school-going teen-aged author into intellectual limelight by writing a very generous Review of his first book and later days' creations.[5][21]

British poet Tess Joyce wrote an evocative essay on his poetry in the literary journal published from London Luit to Thames, whose edited form was also republished by Barcelona,Spain, based journal Art of Living Guide. In her writing Joyce states as follows-- "Written during his high school years, Arnab's poems plunged the reader into further depths – into the midst of the universe itself and the riverine landscapes only served to increase the levels of complexity the narrator saw; we are left to realise that no-one is big enough to hold the universe and so: Yet with no empty space left on the boat/the Universe sat quietly beside the reeds. Imbibed with a sense of awe, the narrator's desires for explanations disappeared – it was the poetry that satisfied him, hence: On the bald head of the dusty earth/ Ashwaklanta bestowed a stanza of sunlight."[11]

Short story writer

Arnab Jan Deka is a short story writer.[4][12] His short stories regularly appear in Prantik and Goriyoshi and have been translated into English, Spanish, Bengali, Bodo and many other languages and published in literary journals and newspapers.[1][4]

His well-known short stories include: Prem Asambhav ('Love Impossible), Hridoybotir Sondhan ('Quest for Large-Hearted Magnanimity'), Naareebaadar Narak ('Hell of Feminism'), Tumi Rituporna Tai Malala ('She is Malala'), Tinijoni Gawoliya Sowali ('Three Village Girls'), Katha-Goriyoshi Award-winning short story Himalayar Duporiya : Ankur-Tapaswi-Swarnakeshinee('Himalayan Mystic Meeting'), Mor Shohorot Dujon Spaniard('Two Spaniards in My

City'), Nixiddho Nogorit Mei Lang('Mei Lang in the Forbidden City'), Mexico Shohorot Ejoni Premika('A Sweetheart in Mexico City'), Ejoni American Matri('An American Mother'), Samudrik Akangkhat Ronga Nodi Neela Pahar('Oceanic Aspirations of Red River Blue Hill').[22]

His short-story collections include Prem Asambhav('Love Impossible')(2013),[23] Akasmat Ek Aabeli('Suddenly An Afternoon')[24][25][26][27](2004), Naareebaadar Narak('Hell of Feminism')(1999) and Mexico Shohore Ekjon Premika Abong Koyekta Golpo('A Sweetheart in Mexico & other stories')(2009).[1] Leading English daily The Assam Tribune in its issue dated 28 January 2000 described Arnab Jan Deka's first story-book Naareebaadar Narak as follows- "Whatever be the history and definition of feminism, Arnab Jan Deka has portrayed feminism in his latest book 'Naareebaadar Narak' (The Hell of Feminism) in a very unique way. Arnab Jan Deka writes as if he has already gone through the experiences of a woman. He has perhaps experienced the so called 'feminist world' more closely."[28] According to a widely circulated Assamese daily Asomiya Khabar, this storybook was the bestseller among Assamese books in the year 1999.[22]

As a Novelist

Arnab Jan Deka also earned laurels as a novelist.[4][12] His classical novel Bhaba Ananda Sambad('Tales of Bhabananda')(2007) won him the prestigious Assam Government Publication Board Golden Jubilee Novel Award in 2006. His another novel Childhood Dreams(2010) was a strong protest against the sub-human practice of Child-Slavery prevalent in many countries and, at the same time, it also advocated Child-Right to Education. This novel had been adapted in 2011 into a mini TV-series entitled Soisobote Dhemalite and telecast over India Government-owned TV-channel Doordarshan.[1] This televised version of his novel was produced by veteran film producer and actor Late Pramod Baruah and directed by Indian superstar film actor & director Brojen Borah.

His award winning novel Bhaba Ananda Sambad on the backdrop of the educational and intellectual scenario of the post-independence Assam of 1950s and 1960s was loosely based on the eventful life of the legendary pioneer Assam Economist and Awahon-Ramdhenu Era littérateur Principal Bhabananda Deka. The novel depicted the highpoints of his life, which include establishments of Assamese Departments in the Indian Constitutional body Union Public Service Commission(UPSC) and Delhi University in the capital city of India in the late 1960s, apart from illustrating his lifelong mission of spreading the fruits of higher education amidst the poor toiling millions of village dwellers in the entire Brahmaputra valley.[3][29] This novel has been a subject of Doctoral Research for PhD in Assamese Department of Dibrugarh University.

His other published novels include Noisoclubot Bigotojoubona('A Post-youth Vamp in the Night Club')(2000), Astarambha Premor Biyoli Joubon('Sun-setting Youth of Superficial Love')(1999), Hridoyor Dinlipi('The Heart's Diary')(2004) and Bhai Bhai('Band of Brothers')(children's novel)(2005).

Columnist & Essayist

Daily newspapers Dainik Asam, Dainik Janambhumi, The Assam Tribune, Natun Dainik, Aji Assamese Daily, Dainik Batori Kakot, Amar Asom, Edinor Sangbad, News 30, Ami Asomor Janagan and weeklies-periodicals like Asam Bani, Sadin, Notun Samay, Agradoot, Prantik and Goriyoshi have been regularly publishing essays and columns of Arnab Jan Deka from early 1990s till 2016 on many issues of topical interest.[30] His weekly column Dharabhasya ('Sayings of the Times')[31] published in the oldest Assamese daily 'Dainik Asam' had been acknowledged as the series of important essays on modern world's social issues giving new directions to public opinions. This popular Column started appearing in Sunday issues of 'Dainik Asam' from 2 August 1998 onward. Title of the first instalment essay of this Column was Ratnakarar Pitri-Matri aru Ajir Samaj('Ratnakar's Parents & Today's Society'), which illustrates the eternal conflict between materialism and morality.[32] His other columns include Satyar Xipithi('Other side of the Truth') in 'Natun Samay', Ajir Chinta('Today's Thoughts') in 'Dainik Janambhumi', Adhiboktar Diary('Advocate's Diary') in 'Aji' and Sangskriti Kotha('Talk about Culture') in 'Dainik Asam'.

His penultimate weekly column Hridoyor Xonglap ('Dialogues of the Heart') was published in a newly launched Assamese daily 'Dainik Batori Kakot' in 2006.[33]

His articles and research papers are regularly published in journals like Prantik, Goriyoshi and Assam Sahitya Sabha Patrika.[34]

First Assamese co-author of Indo-American joint memoir book

In 2016 Arnab Jan Deka collaborated with American author, healthcare professional, chiropractic practitioner, psychiatric social worker, health promotion consultant, corporate wellness fitness instructor, employee assistance training specialist, scrapbooking consultant and natural health management professional Barbara Ann King on a memoir book project on talented American artist Sheryl Ann King, who passed away untimely in a fatal accident that took place on 30 April 2015. The project succeeded in the shape of a book as the final outcome entitled 'Our Sherry : A Tribute to Sheryl Ann King' which was published on 30 April 2016 commemorating 1st death anniversary of the departed artist. It was the first creative book collaboration between an Assamese and an American writer in the genre of Indo-American literature.[35]

Film Director & Screenwriter

Arnab Jan Deka directed several documentary films including Golden Jubilee of Assam Economics Research & Pioneer Assam Economist-Littérateur (2014) on the academic and research-oriented works of the pioneer Assam economist and literary stalwart Principal Bhabananda Deka.[13] Creative personalities from three Continents

Asia, Europe and North America joined hands in the making of this historic film. Indonesia-based British author Tess Joyce was the Co-Screenwriter and Narrator of the film. Hollywood screenwriter from Spain Claire Elizabeth Terry and American researcher Terri Stiffler also collaborated in finalising the Screenplay of the film.[4]

He is the Screenwriter and Co-Director along with Late Waesqurni Bora of an under-production full-length docu-feature biopic film on the legendary singer-musician-filmmaker Dr Bhupen Hazarika titled Moi Eti Zazabor.[36] He was the Director of the first ever one-hour-long documentary film on medieval Assamese saint-philosopher-artist-littérateur Srimanta Sankardev made in the year 1996, which was screened in the USA and many other countries.[14][37]

Apart from writing the entire scripts of his own documentary films including Assam Sahitya Sabha, Srimanta Sankardev, Golden Jubilee of Assam Economics Research & Pioneer Assam Economist-Litterateur, he also collaborated in screen-writing for several popular TV-series including Gauri Barman directed Chakrabehu(1996), Waesqurni Bora directed Kolijar Amothu(2008) and Brajen Borah directed Soisobote Dhemalite(2011).

Playwright

He is also a playwright of several radio and stage plays.[13] His first radio play Mukti('Freedom') was broadcast by All India Radio, Guwahati Centre, in 1981, when he was a 9th standard school student.[38] Mowamoriya Bidroh('Uprising of Mowamoriya Clan') was his only historical play based on a very critical phase of 18th century Kingdom of Kamrup or Assam. He wrote this drama in 1980 while he was a minor school student of 8th standard.

Actor in films, tv, stage & radio

He has also acted in several Assamese and English language TV-series, stage plays, radio plays and short films including Character of an Artist based on a novel by Dr Mamoni Raisom Goswami(Indira Goswami). He enacted major roles in the TV-series Kolijar Amothu,

Soisobote Dhemalite and several others. He worked under film directors like Waesqurni Bora, Gauri Barman and Brojen Borah.[13]

Radio programmer

He was a regular radio personality on All India Radio(AIR) during his childhood and adolescent years. He started his radio career in 1978 enacting the role of a language-student in India's longest-running language teaching radio-play series Hindi Sikshar Paath, and continued performing that role for eight years till 1985. In 1985, AIR offered him the first live broadcast opportunity of world news round-up called Biswa Sangbad for which he was a Radio Journalist collecting world news, News Editor compiling and editing the news items and News Reader. He also conducted a village field-research based rural documentary programme for radio titled Gaawe Gaawe in 1986, for which he had to travel around rural India to collect interviews of village-dwellers and also discovered rural musical talents like folk-singers and gave them a national audience by recording and broadcasting their music. He also regularly took part in radio talk shows and discussions on contemporary youth and young-adult related issues at several radio stations in Guwahati and Jorhat. Apart from writing his first radio-play Mukti('Freedom') as a ninth standard school student, which was first broadcast over radio in 1981, he was also a regular actor of many popular radio-plays in several languages including Assamese, Urdu and Hindi in 1970s and 1980s. Some of his radio acting credits include Pratham Sakhyatkaar ('First Meet'), Kabach ('The Protective Body Shield Garment'), Mukti ('Freedom'), Maitree ('The Harmony'), Idd Mubaraq ('Greetings of Islamic festival Idd').[5]

River engineer of Indo-British environmental project

He is a river engineer engaged in the research on the environmental aspects of Brahmaputra River, and presently heads the Indo-British campaign project Save the Brahmaputra River as its International Chairman.[4] Through this international project, he, together with his international coordinator Tess Joyce, had been highlighting the various environmental threats encountered by the river. He was the first river engineer in Assam to have exposed the plan of China to divert the course of Brahmaputra river by building nine massive Dams over it in Tibet.[11] He has been working in research on Brahmaputra river with guidance and support from river engineers, hydraulics experts, eco-technocrats, geo-scientists, environmentalists and scholars like Dr Constantin Aurel Stere(The Netherlands), Dr Wolfgang-Albert Fluegel(Germany), Dr Tue Kel Nielsen(Denmark), Natsuko Totsuka(Asian Development Bank, Japan), Gerrit Klaassen(The Netherlands) and Dr Yoshiyuki Imamura(UNESCO, Switzerland). His research collaborations for Brahmaputra river engineering and environmental impact study have received worldwide media support.[9][10][12]

Eco-technocrat of Indo-American partnership project

He collaborated with American eco-technocrat Gwyndaf Jones from Mechanical Engineering Department of the iconic Massachusetts Institute of Technology, Boston, USA, to develop carbon-neutral eco-friendly technology for the benefit of working-class people. They have successfully developed a 3-Sprocket Chain System enhancing the capacity and efficiency of carbon-neutral tricycle-based eco-friendly passenger vehicles. Both Jones and Deka jointly conducted field trial of their prototype model with support from daily wage-earners, and received very positive feedback underlining the successful conclusion of this historic first project on eco-technology development between USA and India. This vehicle is targeted as a mass people-oriented public transport vehicle with zero carbon emission to lessen the day-to-day hardship of working-class people all over the world. London-based journal Luit to Thames highlighted this Indo-American partnership success story in its 2013 annual issue.[39]

Journal & Newspaper Editor

He was the Editor of an Assamese journal Gandhaar[5] devoted to art, culture and poetry, while he was an undergraduate student of New Delhi's Sri Ram College of Commerce under Delhi University. The President of India Government's top literary body Sahitya Academy Dr Birendra Kumar Bhattacharya(winner of India's top literary award Jnanpith) and Chairman of India Government's top cultural body Sangeet Natak Academy Dr Bhupen Hazarika(winner of India's top movie award Dada Saheb Phalke) were the major literary contributors of Gandhaar from its inaugural issue published on India's Independence Day on 15 August 1987.

He was also the Founder Editor of the first ever campus newspaper of North-East India entitled JEC News published from Jorhat in 1989. This bilingual newspaper was published in English and Assamese. Till the publication of this newspaper, no other University or academic institution in the entire Northeast India ever published any campus newspaper. Arnab Jan Deka's pioneering role as the first Editor of a campus newspaper in the whole NE India was officially recognised during the golden jubilee of Assam Government-owned Jorhat Engineering College in 2010. As acknowledgement, JEC authorities honoured him by reviving his campus newspaper again after almost two decades in a new avatar with full official patronage.[5][40]

Academic and research works

Arnab Jan Deka had successfully undertaken several important academic and research works, some of the most important works are as follows:

(1) He collaborated with Netherlands' Principal Prince Claus Laureate Dr Mamoni Raisom Goswami alias Indira Goswami and her mentor and founder of Assamese Department within the Modern Indian Languages Department of Delhi University Principal Bhabananda Deka in a historic academic mission to set up the Srimanta Sankardev Chair in that India Government's centrally-funded University. They managed to convince Delhi University authorities to

agree to set up the Chair in the name of littérateur-philosopher-artist of Medieval Assam in its Modern Indian Languages(MIL) Department, and also persuaded the Chief Minister of Assam to announce a Corpus Fund for the Chair of a million Rupees. However, neither Principal Deka not Dr Goswami could see their joint dream of setting up the chair fulfilled during their lifetime.[41] After the untimely death of both the towering Assamese literary stalwarts, Arnab Jan Deka has been single-handedly working through his charity foundations Axom Ratna Principal Bhabananda Deka Foundation, Srimanta Sankardev Antarjatik Pratisthan (International Foundation) and Arnab Jan Deka Foundation to fulfil the dreams of both the departed litterateurs. Top Indian daily newspaper The Times of India repeatedly interviewed him regarding his persistent singular efforts at establishing Sankardev Chair in Delhi University.[42]

(2)He was nominated as Chief Editor of Katha Guru Charit English translation project by the Speaker of Assam Legislative Assembly in 1998. The project was envisioned to project the entire life and intellectual works of Assamese Medieval-age Saint-Philosopher-Poet-Littérateur-Artist Srimanta Sankardev in a comprehensive manner to the world academia;[37]

(3)He also conducted Research on medieval age saint-littérateur-philosopher of Assam, India, Srimanta Sankardev's pioneering works on propagating ideas of Democracy, Fraternity and Equality, and authorship and enactment of several full-length Dramas in Assamese language in the 15th Century world, which may eventually establish him as one of the first few propagators of these modern concepts and first few Dramatists-contemporaries of William Shakespeare. He successfully edited the English biographical book Sreemanta Sankaradeva originally authored by renowned scholar Principal Bhabananda Deka, which incorporates invaluable English translations of some of Sankardev's major literary works including Kirtan Ghoxa and Borgeet. Second Edition of this valuable book is published in 2015, and critically acclaimed worldwide;[43]

(4)He jointly undertook an Indo-British environmental project

Save the Brahmaputra River in order to conduct extensive research and environmental audit on the serious environmental threats faced by this one of the world's mightiest rivers.[9][10]

(5)He collaborated with MIT, Boston, faculty-trainer Gwyndaf Jones in the first successfully executed Indo-American eco-friendly technology development project of 3 Sprocket Chain System for Tricycles in order to enhance the efficiency of carbon-neutral vehicles, in order to reduce global carbon footprint;[39][44]

(6)He discovered an unheralded silent innovator Uddhab Bharali from Lakhimpur town in Assam, India, who invented many cheap Machines for handy domestic and commercial use including, Paddy Thrashing Machine, Mini Tea Processing Plant, Pomegranate Deseeder Machine, Artificial Workable Limbs for Accident Victims, Grass Cutting Machines etc.; and brought him and his innovations to the limelight for the very first time by writing about him both in Assamese and English for the very first time in prominent daily newspapers Dainik Asam and Assam Express in 1995;[45][46]

(7)He discovered and established the fact that pioneer Assamese filmmaker Jyotiprasad Agarwala is also the First Indian Filmmaker to have introduced and successfully used Dubbing Technology in his magnum opus first movie Joymoti (1935 film);[47][48][49][50]

(8)He conducted research on Life and Works of several Assamese legendary literary and cultural stalwarts including Dr Bhupen Hazarika, Principal Bhabananda Deka and Pradip Chaliha;

(9)He has conducted extensive research on the trail of first pioneering formal research, documentation and publication of books on the Economic Condition of Kingdom of Kamrup, Pragjyotisha and Assam, which eventually became a state in the Republic of India in the mid-20th Century, and also edited a book Ancient Heritage of Assam compiling research papers of several top scholars;

(10)He recovered, edited and published the historic first English book on Assamese language and literature meant for common readers of the world, which was originally authored by Principal Bhabananda Deka with his associates and officially released by the President of

India Dr Zakir Hussain in New Delhi on 24 November 1968 on the occasion of the birth centenary of Assamese literary legend Sahityarathi Lakshminath Bezbaroa.[13]

Awards and honours

He is the recipient of Assam Government's Publication Board Golden Jubilee Novel Award in 2006 for his classic novel Bhaba Ananda Sambad('Tales of Bhabananda').[2][3] This one-time prestigious Award was announced by the Education Minister of Assam on 31 December 2006, and subsequently handed over to him at a public ceremony at the Guwahati Book Fair on 10 January 2007.

Katha International Short Story Festival held in New Delhi in January, 2004, awarded him with Katha-Goriyoshi Award for his epoch-making short-story Himalayan Mystic Meeting for its skilful depiction of the essence of Indian heritage and how it blended with universal philosophy of life.[7]

He was also honoured with the prestigious Acharya Prafulla Chandra Ray Memorial Award in 2010 in the City of Joy Calcutta in recognition of his outstanding contributions to the world of literature, art and scientific research for over 35 years.[8]

India Government's official Academy of Letters Sahitya Academy recognized him as one of the top Indian writers of the 20th Century by incorporating his literary biography in the End Century Edition of the publication Who's Who of Indian Writers 1999. Age-wise, he was the youngest writer to be honoured by the top Indian literary body in the 20th century.[5]

Internationally renowned river scientist, author and hydraulics engineer Prof.(Dr.) Constantin Aurel Stere publicly acknowledged the global standing and repute earned by Arnab Jan Deka through his monumental works, in a speech delivered before a galaxy of intellectuals and media-persons at Guwahati Press Club. At the same programme held on 28 February 2015, Dr Stere officially launched Arnab Jan Deka's two latest English books Brahmaputra and Beyond:

Linking Assam to the World and An Extraordinary Assamese Couple.[51]

Poet Jitendra Deka eulogized about him in a poem Ink and Jan (published in an e-magazine orunodoi.com) focussing on his multi-hued contributions in areas of extreme opposites like literature and technology in order to propagate the brighter side of his native land and native people of Assam to the outside world, and how he has become a shining flag-bearer for all the aspiring juniors to follow and emulate.[52]

Bibliography

English, Assamese, Hindi and Bengali books authored by Arnab Jan Deka from his first published book in 1983 up to the year 2015 are:[5]

Poetry

1. Ephanki Rhode[5](1983) – Assamese
2. A Stanza of Sunlight on the Banks of Brahmaputra (2009) – English-Assamese bilingual (jointly authored with British poet Tess Joyce)[11][12]
3. Tomar Bukut Biyopi Robo Nodi[5](1996)– Assamese
4. Ekanto Premor Ritu (2010)– Assamese
5. Mor Soisob Koishoror Kobita (2008)– Assamese
6. Mor Geeti Kobitar Prithibi (2008) – Assamese
7. Arnab Janor Nirbachito Premor Kobita (2008) – Assamese
8. Arnab Janor Nirbachito Xokar Kobita (2008) – Assamese
9. Arnab Janor Nirbachito Anandor Kobita (2008) – Assamese
10. Meri Kuch Kobitaye (2008) – Hindi

Novel

11. Astarambha[53] (1999) – Assamese
12. Noishoclubot Bigotojoubona (2000) – Assamese
13. Hridoyor Dinlipi (2000) – Assamese
14. Nayokor Nagari (2002) -- Assamese

15. Bhaba Ananda Sambad[2][3] (2007) – Assamese
16. Mexico Shohorot Ejoni Premika (2002) – Assamese
17. Bhai Bhai (2000) – Assamese Children's Novel
18. Good Times Bad Times (2012) -- Assamese
19. Andhakaror Kobita (2010) – Assamese
20. Childhood Dreams (2010) – English Children's Novel
21. Moi aru Bhupenda (2011) – Assamese

Short-story
22. Nareebador Narak[28] (1999) – Assamese
23. Akasmat Ek Abeli[24][25][26][27] (2004) – Assamese
24. Mexico Shohore Ekjon Premika Abong Koyekta Golpo (2009) – Bengali
25. Prem Asambhav[23] (2013) -- Assamese
26. Hridoybotir Sandhan (2015)– Assamese
27. The Mexican Sweetheart & other stories (2015) - English
28. Sahridoy Nagari Nishiddha Nagari (2015)– Assamese
29. Mor Bideshi Bandhabi (2015) – Assamese
30. Arnab Janor Prem aru Bandhutwar Galpa (2015) – Assamese
31. Mor Prantikor Galpa (2015)– Assamese

Novelette
32. Silpi Diboshor Zaroj Santan (1999) Assamese
33. Abhijat Abhisarikar Edin Enisha (1999) Assamese
34. Khalnayikar Hanhi (2004) Assamese

Biography
35. Anya Ek Zazabor[5] (1993) – Assamese
36. Asomor Jibonto Kalakshetra Pradip Chaliha (2003) – Assamese
37. Arthanitijna-Sikshabid-Sahityik Adhyaksha Bhabananda Deka : Ek Barnadhya Jibon (2006) – Assamese
38. Asomor Arthaniti Chorchar Batkotiya Adhyaksha Bhabananda Deka (2007) – Assamese
39. Mor 30 Bosoriya Sahityik Jibonor Swapna Aru Sadhana (2008)

– Assamese Autobiography
40. Jewel of Assam Principal Bhabananda Deka (Ed.) (2008) – English
41. Bharotiyo Chitrotarokar Soite Moi (2008) – Assamese
42. Amar Amulya (2002)(Ed. Essay Collection) - Assamese
43. Mor Sinaki Bhupenda (2008) – Assamese
44. Ekmebodwitiyam Dr Bhabendra Nath Saikia (2005) – Assamese
45. Barnamoy Rupot Bhupen Hazarika (1993) – Assamese
46. Mor Porichita Biswabijoyi Abhinetri Seema Biswas (1995) – Assamese
47. Cinema Legend Kamal Haasan (1991) – Assamese
48. Bitarkar Abortat Bhupen Hazarika (1994) – Assamese
49. Bhupen Hazarikak Asomor Matiye Bhul Nubujeto! (1994) – Assamese
50. Mohajibon Sandhanir Sahacharjya (1998) – Assamese
51. Hridoyban Suhridor Smriti (2000) – Assamese
52. Smritir Dolichat Ananya Asomiya (2004) – Assamese
53. Smritir Dolichat Ananya Biswar Nagorik (2004) – Assamese
54. Diaryr Pristhat Kisu Sukhosmriti (2005) – Assamese
55. Biswabikhyat Chalachitro Byoktitwar Sannidhya (2008) – Assamese
56. Bhupen Hazarika, Bhabananda Deka, Mamoni Raisom Goswami : 3 Jewels of Assam 3 Pathbreakers (Ed.)(2011) - English & Assamese
57. The Pioneer Economist (2014) - English

Radio & Stage Play
58. Mukti[5] (1989) – Assamese Radio Play broadcast in 1981,
59. Mowamoriya Bidroh (1980) – Assamese Stage Play

Essay
60. Jouban aru Dristi[5] (2011) – Assamese
61. Jibonor Dharabhasya (1999) – Assamese
62. Manuhor Adhikar Manuhor Dayitwa (1999) – Assamese
63. Jibonor Barnamoy Roop-Ras (1999) – Assamese

64. Ekhon Nika Samajor Swapna (1999) – Assamese
65. Youth & Vision [5](1994) - English
66. Hridoyor Sanglap (2004) – Assamese
67. Satyar Sipithi (2004) – Assamese
68. Arokshir Choritra aru Dayitwa (2004) – Assamese
69. Bharotiyo Mulyabodh aru Noitikota (2004) – Assamese
70. Mor Dristit Naree Swadhinota (2004) – Assamese
71. Challenges Towards the Medium of Free Speech (2004) – Assamese
72. Issues of Television (2004) – Assamese
73. Thoughts about Assam (2004) – Assamese
74. An Economic Manifesto for Assam (2004) – Assamese
75. My Views on Indian Politics & Democracy (2004) – Assamese
76. Glimpses on Indian Polity (2004) – Assamese
77. My thoughts on India (2004) – Assamese
78. Sakhyatkarot Ejon Mukhyamantri (2004) – Assamese
79. Bhupen Hazarikar Rajniti (2004) – Assamese
80. Sikshar Madhyom (2004) – Assamese
81. Mor Dristit Srimanta Sankardev (2004) – Assamese
82. Antarjatik Patabhumit Sankardev (2004) – Assamese
83. Srimanta Sankardev : A Universal Projection (2005) – English

Technology
84. Diary of an Engineer (2005) – Assamese
85. Draft of Assam's Development : An Engineer's Perspective (2006) – Assamese
86. Handbook of Civil Engineer (2005) – Assamese

Film & Television Script
87. Srimanta Sankardev : A Visual Documentary (2005)– English
88. Golden Jubilee of Assam Economics Research & the Pioneer Assam Economist-Littérateur (2014)- English
89. Chakrabehu (1996)- Assamese TV-series(scripted jointly with Gauri

Barman)
90. Kolijar Amothu (2008)- Assamese TV-series(scripted jointly with Late Waesqurni Bora)
91. Soisobote Dhemalite (2010)- Assamese TV-series(scripted jointly with Brojen Borah)

Cinema

92. Chalachitrar Oscar (1998) – Assamese
93. Biswa Chalachitrar Mahanayaksakal (1998) – Assamese
94. Bharotiyo Chalachitrar Janadiyek Mohiruh (1998) – Assamese
95. Natun Tathyar Alokat : Bharotiyo Chalachitrar Prokrito Batkotiya(1999)– Assamese
96. Natun Chalachitrakaror Hatputhi (1998) – Assamese
97. Asomiya Chalachitrar Ras Sandhan (1998) – Assamese
98. Asomiya Chalachitrar Unnayan : Mor Chinta Bhabona (1998) – Assamese
99. Mor Dristire Tholuwa Chalachitra : Kola aru Banijya (1999) – Assamese
100. Rupali Pardat Rupor Sandhan[5] (1996) – Assamese
101. Social Commitment in Cinema (1998) – Assamese
102. Abismaraniya Chalachitrar Montage (1998) – Assamese
103. Desh-Bideshor Chalachitra (1998) – Assamese

Travelogue

104. Smaraniyo Bhromonor Dinlipi (2000) – Assamese
105. Dakshinor Hollywoodat Kisudin (2000) – Assamese
106. Bharotiyo Pratinidhir Sajot Antarjatik Chalachitra Mahotsabat (2000) – Assamese
107. Bombay Chalachitra Samarohar Diary (2002) – Assamese

Literary Issues

108. Mor Koishoror Rachanabor (1998) – Assamese
109. Patrabandhobiloi Mukoli Chithi (1998) – Assamese
110. Shishur Kalpanare Eta Bhutor Sapon (1998) – Assamese

111. Katha, Goriyoshi aru Moi (2004) – Assamese
112. Nobin Lekhakar Hatputhi (2004) – Assamese
113. Granthar Prithibit Ebhumuki (1998) – Assamese
114. Asam Sahitya Sabhar Aat Dhori (1998) – Assamese
115. Mor Nirbachito Sampadokiyo (1998) – Assamese
116. Mor Bibhinno Samoyik Rachana(1998) – Assamese
Law[edit]
117. Adhiboktar Diary (2004) – Assamese
118. Sadharon Raijor Babe Aain (2004) – Assamese
119. Natun Adhiboktar Haatputhi (2004) – Assamese

Miscellaneous
120. Sadharon Jyanor Bahaduri (2000) – Assamese Quiz based compilation
121. Sanskriti Katha (2000) – Assamese Essays on cultural round-up
122. My Encounter with People & Events (2000) – Assamese Cultural diary
123. Sakshatkarot Kamal Haasan – (2000) – Assamese reminiscence
124. Sakshatkarot Khushwant Singh (2000) – Assamese reminiscence
125. Sakshatkarot Bhupen Hazarika (2000) – Assamese reminiscence

Environment
126. An Assamese-American Eco-Technology Partnership (2013)- English
127. Save the Brahmaputra River (2015)- English (co-authored with Tess Joyce)

Memoirs
128. Golden Years at Jorhat Engineering College (English) (2015)
129. The Cosmopolitan Century : Memories of Cotton Cosmopolitan Hostel(English) (2010)
130. Brahmaputra and Beyond : Linking Assam to the World through International Partnerships in Technology, Art & Literature[10][51](English) (2015)

131. Our Sherry : A Tribute to Sheryl Ann King (English) (coauthored with Barbara Ann King(USA))[35] (2016)

Edited Books, Journal, Newspaper

132. Gandhar (Assamese journal on culture & poetry)(Assamese) (1987)

133. JEC News (English-Assamese bilingual campus newspaper) (1989)

134. Mor Kobita (Author-Principal Bhabananda Deka)(Assamese) (2007)

135. Last Testament of Principal Bhabananda Deka(English) (2009)

136. Iron Man of Assam Bishnuram Medhi (Author-Principal Bhabananda Deka)(English) (2010)

137. Dharmatatva (Author-Principal Bhabananda Deka)(Assamese) (2012)

138. 5 Centuries of Assam Economy (Author-Principal Bhabananda Deka)(Assamese) (2013)

139. From the Pages of Awahon-Ramdhenu (Author-Principal Bhabananda Deka)(Assamese) (2013)

140. Assamese Language-Literature & Sahityarathi Lakshminath Bezbaroa (Author-Principal Bhabananda Deka, Dr Parikshit Hazarika, Upendra Nath Goswami, Prabhat Chandra Sarma)(English) (2014)

141. Sahityik Dampati Adhyaksha Bhabananda Deka Nalini Prava Deka (Assamese) (2014)

142. An Extraordinary Assamese Couple[51] (English) (2015)

143. Sreemanta Sankaradeva (Author-Prof. Bhabananda Deka) (English) (2015)

144. Awahon-Ramdhenu Jugor Xahityik Adhyaksha Bhabananda Deka (Assamese-English) (2015)

145. Dui Mohiyoxi Priyam Hazarika Nalini Prava Deka (Assamese-English) (2015)

146. Sankardeva's KIRTAN GHOSA by Principal Bhabananda Deka (English) (2016)

147. Sankardevar Jiban-Karmat abondan aagborhowa Mohiyoxixokol

by Nalini Prava Deka (Assamese) (2016)

Filmography
Documentaries & Feature Films

Year   Title   Role   Language   Length

1993 Assam Sahitya Sabha   Director, Screenwriter   English 1 hour

1994 Priyojon   Actor, Dubbing Artiste, Production Coordinator, Media Coordinator   Assamese   2 hours 30 min.

1996 Guru Pranati   Director, Narrator   Assamese   1 hour

1997   Srimanta Sankardev   Director, Screenwriter, Producer   English   1 hour

2014   Golden Jubilee of Assam Economics Research & Pioneer Assam Economist-Litterateur Director, Screenwriter, Cinematographer, Producer   English   15 min.

2015   Land Encroachment & Urban Flooding : Case Study of a Guwahati Street   Director, Screenwriter, Narrator, Cinematographer, Editor, Producer   English   10 min.

2015   Farewell, My Lady! : Homage to Ugandan Diplomat & First Indian Lady Film Choreographer Priyamvada Patel Hazarika Director, Screenwriter, Cinematographer, Editor, Producer Silent 5 min.

2016   Principal Bhabananda Deka : Portrait of an Extraordinary Indian   Director, Screenwriter, Producer   English   Under-production

2016   Moi Eti Zazabor : Docu-feature Biopic on legendary singer-musician Dr Bhupen Hazarika   Director, Screenwriter, Actor, Narrator   English Under-production

TV Series

Year   Title Role Director   Language   Channel

1996 Chakrabehu   Screenwriter, Chief Assistant Director

Gauri Barman Assamese   Doordarshan
2008 Kolijar Amothu Actor, Screenwriter   Late Waesqurni Bora   Assamese   Doordarshan
2008 Character of an Artist Actor Brojen Borah English Doordarshan(North East India)
2011 Soisobote Dhemalite (Childhood Dreams)   Original Storywriter, Screenwriter, Actor Brojen Borah   Assamese Doordarshan

Radiography
Radio Programmes
Year Programme Title   Genre Role   Language Radio Centre
1978-85   Hindi Sikshar Paath   Plays on language teaching Student Hindi & Assamese (bilingual)   AIR, Guwahati
1984 Yuva Piri aur Fashion   Discussion on Youth   Panelist Hindi   AIR, Guwahati
1985 Biswa Sangbad World news live broadcast   R a d i o Journalist, News Editor, News Reader Assamese   A I R , Guwahati
1986   Gaawe Gaawe   Rural documentary I n t e r v i e w e r , Sound-recordist, Scriptwriter, Narrator   Assamese   A I R , Guwahati
1991   Drug Addiction among Youth Talks W r i t e r , Broadcaster Assamese   AIR, Jorhat
1991   Analysis of Technical Education Scenario in Assam Talks Writer, Broadcaster Assamese   AIR, Jorhat
2008   25 years of first book of Arnab Jan Deka Interview   Interviewed by RJ Pahee   Assamese Big 92.7 FM

Radio Actor
Year Radio-play Title Role   Language Radio Centre
1978-85   Hindi Sikshar Paath   Student Hindi-Assamese

৯৩

(bilingual)   AIR, Guwahati
1979 Kabach King Suhung Mung   Assamese   A I R ,
Guwahati
1980 Pratham Sakshatkaar   Colonel Anthony   Assamese
AIR, Guwahati
1980 Maitree Dipak   Assamese AIR, Guwahati
1981 Mukti   Ranjan Assamese   AIR, Guwahati
1985 Idd Mubarak   Salim   Urdu   AIR, Guwahati

TV Programmes
Year   Programme Role Language   TV channel
1992   Meeting Chief Minister, Assam Participant
Assamese   Guwahati Doordarshan
1993   Interview with Social Welfare Minister Interviewer
Assamese   Guwahati Doordarshan
1995   Interview with 'Bandit Queen' lead actress Seema Biswas
Interviewer Assamese   Guwahati Doordarshan
2008   Discussion on Cyber Crime   Panelist   English
News Live
2008   Interview on Late Waesqurni Bora   Interviewed by
TV reporter Assamese   DY365
2009   Discussion on the book A Stanza of Sunlight on the
Banks of Brahmaputra   Co-panelist with Tess Joyce (England)
English   NETV
2010   Discussion on Future of Assamese Cinema Panelist
Assamese   NETV
2011   Interview on Late Dr Bhupen Hazarika
Interviewed by TV reporter   Assamese   News Live
2011   Discussion on Property Inheritance of Late Dr Bhupen
Hazarika   Panelist   Assamese   NETV
2012   Interview on Book Launch of Late Prof. Bhabananda
Deka   Interviewed by TV reporter   Assamese   P r i m e
News
2013 Interview on Illegal Land Grabbing, Urban Flooding and

মোৰ দৃষ্টিত শংকৰদেৱৰ গণতান্ত্ৰিক সমাজবাদী আদৰ্শ আৰু কলাচৰ্চাৰ বৈশিষ্ট্য

Fake Finance Company Operators Interviewed by TV reporters Assamese News Time Assam, News Live 2013 Interview on Golden Jubilee Book Launch of Late Prof. Bhabananda Deka Interviewed by TV reporter]] Assamese Prag News
2015 Interview on Book Launch of 'Brahmaputra and Beyond' and 'An Extraordinary Assamese Couple' Interviewed by TV reporter Assamese Prag News

Awards
Year Association Location Award Work Result
2003 Katha International Short Story Festival N e w Delhi All India Katha-Goriyoshi Award Himalayan Mystic Meeting (short story) Won
2006 Assam Government Publication Board Guwahati Golden Jubilee Novel Award Bhaba Ananda Sambad (novel) Won
2010 Academy of Bengali Poetry Calcutta Acharya Prafulla Chandra Ray Memorial Award Lifetime Contribution to Literature, Art & Scientific Research Won

References
*Ghosh, Arnab. "Top 5 Contemporary Writers from Assam". http://.nelive.in. NE Live. Retrieved 24 January 2016.
*"Novel Award to Arnab Jan Deka". The Times of India. 10 Jan 2007.
"Assam Publication Board Award to novel on Bhabananda Deka's life". Ajir Asom. 11 Jan 2007.
*"Remembering a scholar". The Assam Tribune. 24 Jan 2015. Retrieved 24 January 2015.
*Who's Who of Indian Writers End Century Edition 1999. New Delhi: Sahitya Academy. p. 305. ISBN 81-260-0873-3. Retrieved 6 March 2015.

*Roy Choudhury, Anwesha. "New generation of storytellers". http://.nelive.in. Retrieved 25 June 2015.

*"Thumbs up". The Telegraph. 12 Dec 2003. Retrieved 20 January 2015.

*"Acharya Prafulla Chandra Roy Award to Arnab Jan Deka". The Sentinel. 2 Sep 2011.

*"Chinese action attracts global media". The Assam Tribune. 12 July 2010. Archived from the original on 2 April 2015. Retrieved 24 December 2014.

*Barooah, Arindam (18 April 2015). "The connecting link". The Assam Tribune. Archived from the original on 18 April 2015. Retrieved 18 April 2015.

*"Poetry and the Brahmaputra: Flowing Back to Nature". The Art of Living Guide. Retrieved 24 December 2014.

*"Poetry by the Banks". The Assam Tribune (Volume 76 No. 352). 27 Dec 2014. Retrieved 29 December 2014.

*"Documentary film, books on Bhabananda–Nalini Prava". The Sentinel. 4 Dec 2014. Retrieved 29 December 2014.

*"Documentary on Shankardev to be Screened in USA". University of Colorado. Colorado Springs. 10 May 1997. Retrieved 2 January 2015.

*"Young Briton Takes up the Cause of Ol' Man River". Deccan Herald. 11 Oct 2009. Retrieved 7 January 2015.

*"Joyce kin on a mission to save Brahmaputra". The Times of India. 10 Aug 2009. Retrieved 7 January 2015.

*"A Stanza of Sunlight on the Banks of Brahmaputra". Biblio Books. Spectrum Publication. Retrieved 29 December 2014.

*Kalyani, N. (April 2014). "Poetry for Rhyme and Reason". The Book Review. XXXVIII (4). Retrieved 29 December 2014.

*"Poetry Library News: Items added to the Poetry Library collection in November 2009". Poetry Library. London. 1 December 2009. Retrieved 29 December 2014.

*Books, General. "Indian English Literature". Retrieved 25 June 2015.

*Bhattacharya, Dr Birendra Kumar (15 Aug 1987). "Arnab Jan's Poetry : Study of a Phase". Gandhar. 1 (1): 12–14.

*Khabar, Asomiya (14 Dec 2005). "Arnab Jan Deka's storybooks".

*Choudhury (Editor), Mukut Kumar (1 February 2013). "Arnab Jan Deka's storybook 'Prem Asambhav'". Asomiya Reporter.

*Asam, Ajir (13 Dec 2004). "Arnab Jan Deka's storybook launched with book reading".

*Bharali, Barnita (13 Dec 2004). "Akasmat Ek Abeli". Natun Dainik.

*Pratidin, Asomiya (23 Oct 2005). "Arnab Jan Deka's storybook 'Akasmat Ek Abeli'".

*Khabar, Asomiya (14 Dec 2005). "Arnab Jan Deka's storybook 'Akasmat Ek Abeli'".

* Tribune, The Assam (28 Jan 2000). "Portraying feminism". Assam Tribune Private Limited.

*Deka, Neelotpal (11 Jul 2008). "Inspirational appeal". The Assam Tribune.

*Bani, Asam (16 June 1994). "Atmo-Darshan". Asam Bani Private Limited.

Jump up ^ "Dharabhasya". Dainik Asam. 15 November 1998.

*"Ratnakarar Pitri-Matri aru Ajir Samaj". Dainik Asam. 2 Aug 1998.

*"Hridoyor Xonglap". Dainik Batori Kakot (1 Year 233 Issue). 25 May 2006.

*"Ouponyaxikor Dristire Bhupen Hazarika". Assam Sahitya Sabha Patrika. February 2012.

*Arnab Jan Deka, Barbara Ann King (30 April 2016). Our Sherry : A Tribute to Sheryl Ann King (1st ed.). https:// www.createspace.com/6243914: Principal Bhabananda Deka Foundation. p. 106. ISBN 9781533018304. Retrieved 4 May 2016.

*"Assamese Musician Jim Ankan Deka wins Best International Music Video Award". ReviewNE. Retrieved 24 December 2014.

*"Award instituted to honour Sankari scholars". The Assam Tribune. 9 Oct 2006. Retrieved 20 January 2015.

*Who's Who of Indian Writers End Century Edition 1999. New Delhi: Sahitya Academy. p. 304. ISBN 81-260-0873-3. Retrieved 29 December 2014.

*"An Assamese-American Eco-Technology Development Partnership". Luit to Thames. 2013. Retrieved 7 January 2015.

*"Golden Jubilee Special Issue" (PDF). Jorhat Engineering College. Archived from the original (PDF) on 2 April 2015. Retrieved 30 December 2014.

*"Writer's dream to set up Sankardeva chair in DU remains unfulfilled". The Times of India. 30 Nov 2011.

*"Trust to have no say if govt promotes Bhupen research: CM". The Times of India. 2 Dec 2011. Retrieved 20 January 2015.

*Barooah, Arindam (10 Oct 2015). "The Saint's story". The Assam Tribune. Retrieved 10 October 2015.

* Sarmah, Suranjana (November 2009). "American Chinta, Axomiya Rikshaw Ityadi...". Bindu: 32–33.

*Bora, Munmi. "Uddhab Bharali, the man from Assam with 118 incredible inventions". AchhiKhabre. Retrieved 16 August 2015.

*"Uddhab Kumar Bharali: A rare Assamese innovator". Dainik Asam. 7 May 1995.

*Das, Rima (25 June 1995). "Hollywood Personalities in Guwahati" (Vol. XII, No. 45). The News Star. Seven Star Publications Pvt. Ltd.

*Reporter, Staff (7 Feb 1995). "'The first ever Indian dubbed film was Assamese'" (Vol. 5 No. 125). The North East Times.

*Deka, Er. Arnab Jan (9 April 1995). "From IFFI'95 with Love : A Festival of Friendship" (Vol. XXVI No. 140). The Assam Express.

*Neeraj, Ravikant (24 Feb 1995). "'Celluloid Truth' of Tirlok Malik is not Fantasy" (Vol. 6 No. 279). Purvanchal Prahari.

* "Dutch river scientist Dr Constantin Stere launched Arnab Jan Deka's Books on Brahmaputra & Docu Film". ReviewNE. Retrieved 13 March 2015.

*"Ink and Jan". Orunodoi. Retrieved 14 May 2016.

*Deka, Arnab Jan (September 1999). "Astarambha Premor Biyoli Jouban". Sreemoyee.